BIBLIOGRAFIA DEL AUTOR

Las mujeres mandan, los hombres obedecen. De como una hembra doma y pone a punto a un varón complaciente. 1994.

Dios y yo, la Verdadera Historia del Verdadero Dios. 1990.

Siete Judías y Un Garbanzo (negro). 1970.   Relato ingenuo autobiográfico.

El Séptimo Rollo. 1972.   Colección de críticas de cine muy personales y poco convencionales.

Florilegio de Santa Política (Los Carientismos de Ulrico 1). 1976. Sátira política.

Desde mi ventana. De 1976 a 1992. Una especie de blog antes de que los blogs existieran.

Del Amazonas al Perú. Relato de viajes. 1970.

A través de la Argentina, un viaje a la Patagonia. 2ª parte de los relatos de viajes, 1971. Paraguay y La Argentina

Con la llegada del tercer milenio. (Los Carientismos de Ulrico 2) 1997

En aquel tiempo... (Los Carientismos de Ulrico 3) 1998

Crónicas del final de un siglo. (Los Carientismos de Ulrico 4) 1999

Con ojos de niño. (Los Carientismos de Ulrico 5).

Los Cuentos de Juan Terbury. 1977. Romances de ciego en 80 fascículos.

Los Caballos de la Noche. 1978. Colección de cuentos clásicos y oníricos. Premiados tres de ellos.

Discurso al filo de la edad madura. 1979. En tres partes
a) ¡No me destruyas! b) Nos han robado la vida y c) Discurso al filo de la edad madura.

Liturgias y Vejámenes. 1984. Con el subtítulo de La Danza del Poeta, traslado a nuestro siglo de la medieval La Danza de la Muerte.

Desde mi ventana. 1975 a 1993. Colección de ensayos al estilo de los afamados de Montaigne. He dado algunos a la estampa.

Confidencias, historias de la gente. 1985. El nombre lo dice.

Carne de jarrete. Relato. 2000

El foro macabeo. Colaboraciones en un foro. 2001.

La papisa Juana. Relato humorístico de una mujer que se supone fue Papa. 2006.

El Hijo de Dios. La vida de Jesucristo contada por él mismo. Una autobiografía.

Mi blog. Uno de mis blogs, a partir del año 2005.

Un Foro macabeo. Un foro de discusión filosófica. Año 2000

Dios y yo

Dios y yo

Cerinto

INDICE

FIN

You are a distinct portion of the essence of God, and contain part of him in yourself. Why, then are you so ignorant of your noble birth? Why do you not consider whence you came?

Why do you not remember, when you are eating, who you are who eat and whom you feed?

Do you not know that it is the Divine you feed, The Divine you exercise?

You carry a God about with you, and know nothing of it.

Epicteto

Granted that I must die,

How shall I live?

Michel Novak

Lo importante es el estar;

no lo es el hacer;

porque cuando estás,

Dios está contigo.

El Autor.

1. ¡NO TODO ESTÁ PERMITIDO!

Quod vitae sectabor iter? -se preguntó Descartes.

¿Qué camino en la vida seguiré?

Los adelantados del modernismo culto piensan así:

Cuando los eclesiásticos eran en lo temporal más poderosos que los laicos, la cúpula clerical de nuestra Iglesia gobernó despótica. ¡Arrebatémosle aquel poder temporal y que no mande ya en nosotros!

Se la despojó de su injusto poder. Estuvo bien.

Mas esas mismas gentes de la cúpula, aunque ya sin poder temporal desmedido, sostienen que un dios les confiere la autoridad, el dios bíblico, Yahvé, primeramente dios de los hebreos y después también de los cristianos: acabemos pues con él -siguen pensando los modernos- démosle muerte; porque ya somos adultos los humanos, ya nada tememos ni dependemos vergonzosamente de nadie.

En el pasado siglo XIX, Nietzsche dio por muerto al dios hebreo; y las gentes cultas siguieron a Nietzsche.

También fue lo correcto.

Pero quedan aún los Mandamientos -prosiguen esas gentes cultas- esa especie de leyes arbitrarias que al decir de aquellos clérigos de la cúpula citada, el tal dios comunicó a un Moisés en unas tablas; si aquel dios no existe ya, tampoco hemos de seguir obedeciendo sus mandatos.

¡Bien! Las autoridades laicas secularizaron la conducta y con las leyes del Estado sustituyeron aquellos Mandamientos.

Y a partir de ahora -se remacha- estará todo permitido; muerto Dios, ya. vale cualquier cosa -exclamó angustiado Dostoyewsky; con la salvedad de que a su libre arbitrio el Estado prohibirá determinadas conductas; y el sorprendido practicándolos se arriesgará a sufrir la pena que se fije.

Y en éso estamos.

Se razona bien; pero en falso, porque a medias.

Los clérigos gobernaron como déspotas y ya no se sufrió que quemaran brujas, desmembraran herejes y aprisionaran a pecadores; se les arrebató el poder autoritario y bien estuvo.

A continuación siguiendo a Nietzsche se dio por muerto al dios; y también estuvo bien, porque en sana razón no se hará del dios de los hebreos el Dios de toda la Humanidad.

No estuvo bien matar a Dios, con mayúscula, matar la Trascendencia. Matar a un dios particular no equivale a matar lo trascendente. Dios existe aún; pero ya no es el ídolo que era.

Y aunque destronado el dios de los judíos sus supuestos Mandamientos no significan ya lo que antaño significaban, no por ello está todo permitido.

Porque sigue en pie lo trascendente, y con ello también sus leyes. Que probablemente se parecen bastante a las mosaicas. Pero aquí poco importa que se haya particularizado unas normas de tipo universal.

Hay aún lo trascendente, y lo trascendente es el bien.

Para Dios no existe el mal. Si todo proviene de Él, si todo es trascendencia, todo es como debe ser, todo es bien.

En lo tocante a la trascendencia, no cabe hablar de mal.

Se confunde a las personas extendiendo al plano de la trascendencia conceptos del mundo de la humanidad que sólo significan algo en ese mundo.

Los humanos distinguen bien y mal. Aquello que los perjudica es el mal humano; aquello que los beneficia, el humano bien. Pero no limitaremos a Dios con un concepto a medida de los hombres.

Dios es por definición el bien en general, por encima de lo humano; y el hombre está hecho para el bien humano y no le cabe querer el humano mal; no se lo prohíbe una instancia externa coercitiva, que ya no cabe; un Zeus cualquiera que arrojándole desde su Olimpo los fulminantes rayos de su haz lo aparte del mal; sino porque ese mal va contra la naturaleza humana.

El ser humano no come arsénico, no está hecho para comerlo, porque comiéndolo muere, y si muere, si ya no vive, se perjudica.

La naturaleza del hombre es la vida y nace él para vivir; lo mortífero no entra en los fines que lo preceden; el hombre no es libre para morir ni para cualquier otro mal, porque el mal lo disminuye, lo opuesto a su vida lo degrada. Encerrándolo en una jaula y privándolo de desarrollarse naturalmente, perece y muere. Encerrarlo en una jaula es malo.

Identificarse con los demás y deplorar sus padecimientos es bien, y el individualismo egoísta es mal. El ser humano es frágil y por naturaleza depende de todo y de todos. El individualismo a ultranza contraría esa naturaleza. Es un mal. Y no le está permitido al ser humano.

En una conferencia ha dicho un moderno y popular profesor de ética: el ser humano es libre porque ante dos opciones le cabe elegir voluntariamente cualquiera de ellas. La libertad consiste en decir sí o no, sólo porque uno lo quiere, a una de dos posibilidades.

No considero libre a quien al parecer elige a su albedrío entre dos opciones cualesquiera.

No todo está permitido al ser humano. No vale cualquier cosa. Se confunden quienes afirman lo contrario. Yerran porque equiparan el estar permitido a la falta de coerción.

La naturaleza no le permite comer arsénico ni piedras, arrojarse y volar de un quinto piso ni vivir bajo el agua como en la superficie de la tierra. La naturaleza del hombre no le permite suicidarse. Lo hará él si escoge hacerlo; pero no porque la naturaleza lo permita. Lo hará contra su naturaleza; pero ella no se lo impedirá. Tampoco le permite enfrentarse a los demás y desentenderse de ellos; el hombre lo hace voluntariamente si nadie se lo impide.

Nadie es libre de ir contra su naturaleza; aunque nadie se lo impida. Por el contrario, todos hemos de ser lo que ya somos.

2. NI EL DIOS NI UN AMO.

Aborrezco a los modernistas, ésos que habiendo dado muerte al dios de la Biblia dan también por muerto al Dios trascendente y de ahí concluyen que al hombre le está ya todo permitido; pero no por ello añoro los tiempos pasados en que los clérigos dominaban a la grey; ni deseo se vuelva atrás en el tiempo y de nuevo se nombre a un Torquemada, se establezca inquisiciones, se habilite calabozos y presidios para heréticos y se atormente a desventurados.

Con fray Luis de León en sus Comentarios al Libro de Job, digo:

-Mas Dios nos libre de un necio tocado de religioso y con celo imprudente, que no hay enemigo peor.

No se impone el bien y la virtud, ni se ama por decreto. Se ama por sana decisión, una vez protegida y desarrollada en el hombre la innata capacidad de amar.

Se polemiza a respecto del condón. ¡Qué los clérigos no llamen a la cruzada de los farmacéuticos católicos para que se nieguen a expender el adminículo nefando a los que se empeñan en seguir pecando en términos cristianos! ¡Qué el obispo Vergerus no siga aterrorizando, castrando y angustiando a Fanny y Alexander!

No se decreta el bien, no se fuerza a la gente a que se comporte bien. Se lo señala, se les muestra el camino recto particularmente concebido; pero se deja libre al individuo para seguirlo o no seguirlo. Se dice la verdad en que se cree, pero en modo alguno se la impone.

Condenados los prepotentes eclesiásticos, tampoco acepto que el Estado los supla y defina la conducta buena y la conducta mala.

Las leyes que a la sociedad se impone, el derecho positivo, no sustituyen adecuadamente a la supuesta ley del dios de la Biblia. Las leyes estatales reducen al ser humano a lo más bajo; lo despojan hasta del vestigio de la dignidad. Ver al hombre como simple montón mal llamado material de carne y linfas putrescibles es pura bajeza repugnante.

Si se me dice que un ciego acaso me ha producido fortuitamente y que sin esperanza he de morir del todo, me desesperaré; y por mucho que el Estado los imponga, no me moverán laicos Derechos del Hombre. Mas si se me afirma trascendente y destinado por un ser primero a un fin que se me escapa, más me estimaré; y de buen grado y sin que nadie me lo exija aceptaré por respetarme vivir conforme a un sentimiento religioso innato en mí desde mi primer momento como ser humano.

3. ¡DIOS HA MUERTO!

A partir de los librepensadores que precedieron a la Revolución francesa se concluyó que Dios había muerto.

Yerran quienes tal cosa concluyen.

En nombre de dogmas y de seres problemáticos, los eclesiásticos mandaban que se quemase y mutilase a hombres concretos; acertadamente se los privó de autoridad. Luego se declaró muerto a su dios; el dios de la Biblia, dios particular de un grupo; dios celoso de sus prerrogativas, que incitaba a sus fieles a guerrear contra quienes se negaban a acatarlo; dios que reivindicaba la exclusiva de la adoración de los humanos.

El dios particular de un credo ha muerto; pero no la condición divina, la trascendencia, el sentimiento religioso.

Muerto el dios de la Biblia, no ha muerto el misterio.

Tras el ocaso de los dioses y de sus profetas, en su lugar quieren dominar los humanos laicos.

Quieren dominar el universo, conociéndolo, abarcándolo, reduciéndolo a número y medida. Entienden por conocer algo, el saber de sus partes y acerca de su comportamiento, el saber de los fenómenos que en ese algo se dan. Pero si por conocer entiendo el saber qué sea algo, no se conoce nada, no se conoce a Dios. Dios es éso que es.

Imposible saber qué sea el ser de algo. Sólo se conoce relaciones. Sólo se sabe acerca de fenómenos.

Además del número y de la medida, existe algo, una dimensión incognoscible. Ese algo más, ese algo enigmático, Dios, sobrepasa el universo de la Física y las Matemáticas.

Siempre el continente encierra y abarca el contenido. Dios es continente; el universo y el hombre con contenido. Jamás el hombre comprenderá el continente. Jamás conocerá a Dios.

El ser humano, parte diminuta, limitada y contingente del universo, nunca comprenderá a la totalidad, lo ilimitado, lo necesario, lo absoluto. Aquí, por comprender, significo tanto el entender como el abarcar. No se entiende a Dios. No hay ciencia posible de Dios. En cuanto al Dios verdadero, al Dios absoluto y cósmico, es impensable cualquier teología. La teología trata sólo de dioses concretos, de dioses humanos y banales. Dios, lo trascendente, sobrepasa la capacidad de comprender humana, el humano entendimiento.

Lo trascendente no ha muerto; se manifiesta en el hombre.

En nuestro ámbito cultural, ligeramente se admite existan tres bien diferenciados, Dios, el universo y el vacío, éste último también llamado Nada, lo que no es ni Dios ni universo. Se dice: de la Nada, (que aquí llamo vacío), Dios hizo el mundo.

Primero existía Dios, y a la espera de que crease el universo mundo, existía como una tercera dimensión que iba a alojar esto creado. A esta tercera dimensión, de momento y aquí llamo vacío.

Mas no existe ningún dios separado de otra cosa, sino lo trascendente, la Trascendencia, Dios, lo absoluto, la totalidad, precisamente conjunto de universo y dimensión que lo aloja.

Más adelante de esta dimensión con más detalle.

No se le permite todo, al hombre. Lo trascendente ha originado al hombre, y otorgándole una naturaleza dada lo ha definido. Al hombre limita su naturaleza, y no sale libremente de ella. El hombre no vuela como un pájaro, ni come hierba a la manera de un rumiante, a no ser metafóricamente y en latín; o cuando el dios Yahvé fuerza a Nabucodonosor.

Dependiente de su naturaleza, dada de una vez por todas, el hombre sólo es libre para conducirse con arreglo a ella. Si se empeña en contrariarla, nadie se lo impedirá; pero no por ello es libre de hacerlo. Si el hombre quiere habitar el sol, nadie le impedirá el intentarlo; pero jamás vivirá en él como en la Tierra. No es libre para vivir en una estrella.

La naturaleza del hombre lo limita.

4. DIOS y el dios.

Difícilmente se nombra lo inefable. Ninguna palabra de nuestro idioma lo nombra, y posiblemente tampoco ninguna de los demás.

Entre nosotros, se designa con la palabra Dios al dios Yahvé, al dios de la Biblia.

No vale la expresión el Ser, porque con ella se abstrae todos los seres concretos, individuales. Por el Ser entendemos algo así como la matriz filosófica de que brotan los seres concretos, individuales, uno por uno. Para nosotros el Ser es el resultado de abstraer en un concepto el conjunto de los entes. Usándola, se arriesga entender por ella el ser de seres, el molde que los contiene a todos.

El Ser es sólo concepto filosófico.

Si se prefiere sustituir la palabra Dios por la palabra Divinidad, se ha visto en ella algo semejante al Dios-Yahvé, a saber, lo mismo que el dios de la Biblia pero en femenino, algo parejo a la diosa-madre de las feministas o del matriarcado de Bachofen. Igualmente, sólo un dios concreto e idolátrico.

Aquí, en todo este libro, entenderé por Dios, Dios con mayúscula, la Trascendencia, lo trascendente, lo necesario frente a lo demás, contingente, que pudiera o no pudiera existir. Y lo trascendente no tiene nombre. Sencillamente no hay palabra universal que lo defina. Aclaro que diciendo lo trascendente uso como nombre de **éso** innombrable una de sus características; digo que **éso** trasciende la realidad asequible a los humanos.

En consecuencia y por comodidad, para no complicar las cosas, para hacerme entender, en adelante me referiré a **éso** con la vieja palabra Dios. Tras insistir en que por Dios no significo el dios-Yahvé, el dios bíblico; sino **éso** innombrable que a todo trasciende.

Los de la cultura greco-romano-judía, entendemos por universo el conjunto de los cuerpos materiales; los cuerpos celestes -incluida la Tierra- con lo que contienen.

Aparte, el vacío; el universo tiene lugar en el vacío; terminado el universo, sigue el vacío. Lo más allá del universo material y aquella dimensión en que el universo existe, es el vacío; no es ni Dios ni el universo material.

Para nuestros lenguaje y percepción, dos partes constituyen la totalidad no divina: una, el universo material; la otra, el vacío.

Mas yo llamo Dios a la totalidad total de la tradición anterior, a saber, al conjunto de Dios, universo material y vacío, sin que por ello en Dios distinga partes. Universo material y vacío son dos aspectos del Dios uno a que me refiero. Ese Dios, lo trascendente, **éso**, se nos aparece bajo dos ropajes, lo que llamamos universo material y lo que llamo vacío.

Tal vez el término ropajes conllevara la idea de disfraz. Sin embargo tampoco se disfraza Dios diferentemente. Percibiendo con nuestros instrumentos propios, creamos la aparente diferencia. Universo y vacío son una cosa sola, Dios. El universo material o conjunto de todos los cuerpos celestes con su contenido es Dios, como lo es también el vacío.

Se habla de espíritu y materia y distinguirlos irreconciliables; la materia, inconsciente de sí, y el espíritu, pura conciencia.

No existen el espíritu y aparte de él la materia; existe la totalidad, pero la totalidad es Dios y Dios es consciente; pues siendo Dios el todo, absurdo fuera considerarlo inevitablemente fuerza ciega, bruta, irresponsable, por emplear el único lenguaje de que disponemos, lenguaje familiar; que gratuitamente tiene a los dichos brutos por inconscientes e irresponsables.

Pero tampoco es Dios una persona separada de lo restante, como se viene admitiendo entre nosotros; a un lado Dios, llamado así el dios Yahvé, el dios de la Biblia, persona que piensa, siente, quiere y obra, como piensan, quieren, sienten y obran los humanos; y al otro lo restante, dicho creado por él y llamado materia o energía, espiritualizados éstos en grados diversos, que van desde los ángeles, solo espirituales aunque creados, hasta las rocas, solo materiales.

Se llama materia a lo que yo tengo por un aspecto de Dios.

Con la palabra Dios-Yahvé se designa a un ser espiritual y personal; espiritual, es decir, no material; y personal, o sea, semejante al hombre, puesto que supuestamente dotado de sus mismas facultades, aunque en grado sumo; ser que los cristianos hemos heredado de la tradición hebrea.

Designo con la palabra dios, con minúscula, al dios Yahvé, al Dios cristiano y bíblico; y con la palabra Dios, con mayúscula, a **éso** trascendente, para distinguirlo de aquel otro dios discutible.

Sostengo yo pues que el hombre brota de Dios, es él Dios, puesto que al ser el hombre parte del universo, y al ser el universo aspecto de Dios, el hombre es manifestación de Dios, como lo es todo lo demás.

Dios se nos manifiesta así; así lo vemos, así accedemos a **éso**.

Si no existiéramos y no existiera tampoco ningún otro ser consciente, nada significara hablar de manifestación alguna; pues al no haber percipiente de lo manifestado, tampoco existiera la acción expresada por el verbo manifestar.

El hombre es ya Dios; pero el hombre es consciente de sí; por ello en cuanto hombre, Dios se manifiesta ante sí mismo.

Tal vez los otros seres, animales, plantas, seres inanimados, sean también conscientes de sí mismos, no al modo humano, sino a otro, de momento inaccesible a los humanos; conscientes de sí mismos y del restante cosmos; y por consiguiente Dios se manifestaría ante sí mismo en todos y cada uno de lo que para mí son aspectos diferentes de **éso**, aspectos diferentes de Dios.

Aceptado el definir así la palabra Dios que aquí empleo, tendríamos ahora que Dios es de una manera y no de su contraria. Con lo cual doy a entender que se manifestará a su manera propia, a la manera propia de Dios, y no de otra, sin que ello implique limitación, sino tan solo naturaleza definida. Por consiguiente el hombre está necesariamente determinado; sólo es de la manera que le corresponde como Dios manifestado.

Este ser corresponde a lo que naturalmente es, y no significa que el hombre, si se lo propone, no pueda intentar ser de otra manera, entendiendo por ser el conducirse. En cuanto a la conducta y en cuanto a que nadie se lo impide, ni siquiera el mismo Dios, porque Dios no coacciona a quien quiera que sea, el hombre podrá ser de otra manera.

Cabe al hombre comportarse como él lo decida; pero habrá de pagar un precio y se opondrá a su naturaleza si se comporta contra ella; pues ésta no se lo permite, no lo ha querido así.

Externamente, no se coacciona al hombre; entonces erróneamente el hombre se cree libre.

No lo es, porque anticipadamente se le prefija el ser. El que nadie le impida oponerse a su condición divina y contrariarla, no le da patente de corso; no lo hace libre.

El hombre no es libre; es Dios, y Dios lo precede y lo define.

No está pues todo permitido.

Distinguimos bien y mal; Dios no los distingue.

Dios es y le basta con el ser para que sea bien.

Sin embargo y ya en el plano de lo humano, cabe que se dé en Dios el mal, porque Dios es ilimitadamente.

El bien y el mal son conceptos, distinción que nace con el hombre y solo con respecto a él significan algo. El mal perjudica su naturaleza, el bien la ayuda. Si tomamos tales como el hombre los concibe y en su mundo humano esa oposición a su naturaleza y correspondencia con ella.

Erróneamente se cree que mal y bien preceden a Dios y que Dios se les subordina. Dios es el bien, y en cuanto Dios nada hay contrario a Dios; en cuanto Dios, no existe el mal. Mas para Dios en cuanto hombre, sí existe el mal. Y en cuanto hombre, Dios es bien y mal. Por eso el hombre escoge hacer el mal sin que venga a fulminarlo ningún rayo divino.

En cuanto Dios, Dios no se limita, pero eso no significa que sea libre, es decir, que haya en Dios voluntad y que ésta sea caprichosa. Lo sería si bien y mal lo antecedieran y Dios eligiera entre ambos; mas no es el caso.

La confusión nace de atribuir voluntad a Dios, un querer al modo humano; de hacer de Dios persona.

Dios no hace lo que quiere. Ni juega a los dados.

Dios no escoge, Dios no quiere; Dios es. En cuanto hombre Dios es bien y mal; pero su ser, el ser de Dios es el bien.

Dios no es voluntad que se limite. Dios no se dice: voy a ser el bien y voy a ser el mal, que en tal caso lo precederían, serían anteriores a él.

Si lo fuese, esa voluntad que a Dios atribuyen algunos, sería calco de la humana, tal como los hombres la conciben, a saber, decisión de hacer algo y no hacer lo contrario en el momento, la decisión de escoger.

Tal voluntad no se da en Dios. Dios es, pero no quiere.

En la opinión común, el hombre primero es y luego quiere. El querer es cualidad, algo de que se lo reviste. La voluntad le es inherente, se da en él al tiempo que es. Mas Dios sencillamente es y no ha de querer.

Tocante a los humanos, todo sucede sin que Dios lo haya querido antes, pues para que suceda, basta con que Dios sea.

Ni a Dios sujetan un bien y un mal que lo precedan, ni quiere el llamado entre los hombres bien, con exclusión de lo llamado mal. Dios es, y con éso ya se dice todo.

Pero no significa que al hombre le esté todo permitido.

5. EL ESTADO LAICO.

Se mató al dios de la Biblia: estuvo bien; había que matarlo. Pero estuvo mal que del mismo golpe se diera por muerto a Dios, a la transcendencia; a **éso**.

Con la palabra **éso**, pronombre indefinido, acentúo el carácter impersonal del concepto Dios.

Sospecho aviesa intención en tanta prisa. De pronto se mostraron ciegos los antes avispados.

No aprovecha a los humanos negarles transcendencia. Reduciéndolos a la llamada brutal materia, a la que arbitrariamente se quiere inconsciente, transitoria y totalmente putrescible, se los empequeñece hasta enloquecerlos. Locura padecía el director teatral que se suicidó. Algunos de los pósmodernos lo han calificado de lúcido y valiente. Pero fue un desesperado. Se supone que pensó ese hombre: estoy enfermo, molesto a los demás y aun me voy a acabar definitivamente; por consiguiente me mato.

No se es culpable de enfermar. Socialmente condicionado y pervertido, el hombre no ama, y se rechaza tanto a sí como a los otros, declinante y débil. Mas tal repugnancia no se impone naturalmente a la necesidad de sentirse amado y atendido.

Ha enloquecido, el que ha desesperado de sí mismo y de los otros. Ha asimilado infelizmente el individualismo atroz de pulidas bolas aceradas que no se penetran, sólo se tocan.

Que la materia sea ciega y brutal carece de sentido. Pues la materia es divinal misterio; y los brutos son materia.

El hombre que no se siente trascendente, no vive satisfecho. Intencionadamente se lo disuade de que así se sienta.

Hasta donde alcanza la memoria, se nos ha gobernado. A los que dominan a los demás, a los poderosos, individuos aislados o grupos, los aristócratas, los pujantes burgueses, debió de convenirles, para sujetarlo, reducir al ciudadano a cosa sin valor supraterreno, para aprovecharse de él débil, e imponer con más facilidad la dictadura. Pues sin Dios se debilita el hombre.

Pero difícilmente se engaña al ser humano en lo más vivo, su sed de trascendencia; al arrebatársela se manifiestan en él indeseados locura y pérdida de vitalidad.

Para facilitar el intento, se les ofreció la libertad total. Libre del poder clerical, libérate también del Dios eterno. Rompe vínculos. Rompe con Dios, olvídate de la trascendencia y serás libre y poderoso. Por encima de ti, nadie. Con la intención segunda de refrenar con las leyes del Estado, el Derecho positivo, el potencial desmadre que pudiera suscitarse.

Mas las leyes laicas no contienen al hombre, al que solo contiene eficazmente, con sus necesidades humanas satisfechas, la idea que se ha hecho de sí mismo, tanto mejor si una de grandeza y dignidad; y al mismo tiempo se le ha quitado el anclaje en lo divino. Ha resultado el hombre a la deriva, desesperado e impotente. Impotente porque aun creyéndose libre lo limitan por mil lados los modos de la sociedad en la que vive, falsa realidad que los poderosos crean; y desesperado porque se le quiere convencido de que morirá definitivamente.

Desesperado e impotente porque se le impide desarrollarse en plenitud, el hombre destruye y atormenta.

Si mis días acabados he de morir total y definitivamente, tonto sería si no aprovechara el estar vivo para luchar con todas las fuerzas por un lugar al sol de riqueza y poderío; para lo cual habré de mostrarme individualista a ultranza, depredar al que se deje y ser como se dice motor de la economía de mercado.

¡Oh mentalidad moderna, y qué perversa eres!

Los jerarcas del estado laico no quieren moralmente responsables a los ciudadanos. Con la ética se ha reemplazado la moral. Con la ética se regula las conductas según normas del derecho positivo; se habla así de la ética del boticario, la del gobernante, la del periodista y la del tendero de comestibles, pongo por caso; para cada profesión, un particular código ético. Mas la moral es universal y se refiere a los actos intrínsecamente buenos y a los intrínsecamente malos.

Nada de moral, dice el Estado laico, solo ética. Y establece un código de leyes: no violarás a las mujeres, no maltratarás a los niños, no envenenarás los alimentos, a nadie arrebatarás lo suyo... Pero las leyes del Estado no condenan los actos; los penan ya realizados; no los previenen.

Muerto el dios, el dios de los hebreos, se da por permitido todo a los modernos. No existen ya el mal y el bien, sino lo lícito y lo ilícito. Nadie se responsabiliza moralmente, y cada cual ha de evitar únicamente lo cojan si delinque. Tanto da robar a un ciego, matar a un palestino, gasear a los kurdos, vender y fabricar las armas nucleares, crear monstruos para la guerra bacteriológica, despilfarrar los árboles del mundo o enriquecerse vendiendo leche adulterada y carne putrefacta: o te mantienes en la legalidad o procuras que no te cojan.

Et vive la liberté!

En nombre de la pretendida libertad, se acepta el vale todo.

Nadie es libre total y absolutamente. Dependemos de todos y de todo. No se imagina al hombre al margen del universo material: este de aquí soy yo, el hombre; ése de ahí el universo.

¡Oh libertad perversa, la libertad para mudar de condición, para ascender en la escala social, para pasar de víctima a verdugo, de siervo de la Iglesia medieval a señor de siervos de la libre empresa!

No se trepa a esas alturas codiciadas sin sembrar de víctimas el suelo, ni sin asimilar los valores crueles de dominación de aquellos con los que uno desea emparejarse.

Libertad para enriquecerse comerciando, porque solo los tenderos ricos se codearán con los de antiguo nobles, que a su vez apoyan la falsa nobleza, hecha de blasones más que de caracteres, en los actos crueles de antepasados milenarios.

Unos, falsamente libres; otros, oprimidos y existencialmente fracasados, la inmensa mayoría, que ha de morir anónima tras haber abrevado alucinadamente en la posesión de pisos de cemento aluminoso, vídeo-lavadoras de muchos accesorios y artilugios y viajes de turismo de la tercera edad.

¡Lo llaman libertad!

6. DE LA CREACION *EX NIHILO.*

En el principio no fue la Nada.

La Nada es concepto límite. Significa la falta absoluta, la total ausencia. La Nada es cuando no hay nada. Si en el comienzo hubiera sido la Nada, tampoco hubiera habido entonces Dios; ni hubiera habido comienzo; pues no se explica como se pasa de la total ausencia, de que no exista absolutamente nada, ni siquiera Dios, a que exista algo.

La Nada es concepto extremo y no corresponde a nada real.

En el principio no pudo haber sido la Nada.

Doy crédito a mis humanos razón y entendimiento cuando me dicen que no hay efecto sin causa; que es imposible transitar de la nada al algo. Parto del supuesto de que mis humanos razón y entendimiento me muestran la verdad y no me engañan. De lo contrario, cualquier consideración careciera de sentido. Razono pues tras creer que el razonar conduce a algo.

De la Nada -cuando nada en absoluto existe- no surge ninguna cosa, ni en ella hay tampoco Dios. Dado que ahora existe algo, tuvo que existir siempre alguna cosa. Arbitrariamente llamo yo Dios a ese existente eterno, a **éso**, a lo necesario y trascendente.

Aclararé el vulgar concepto de Dios imaginando un poco.

Con la palabra Dios reemplazaron gentes antiguas la latina Deus, que procedía de la raíz sánscrita dev, que alude a lo que brilla. Primero, los griegos lo llamaron Theos, que ahora escribimos Zeus, palabra que a su vez vino de idealizar, de transformar en idea, la otra zeus, con minúscula, que originalmente significó para los aqueos, reyezuelo o señor de los demás.

theos - zeus - Zeus; dev - deus - Dios.

Primero fueron los aqueos, pueblo que se había dado por jefe o comandante a un tal que titularon zeus; a continuación estos aqueos idealizaron al zeus terreno y crearon muy parecido a él un Zeus divino al que pusieron inalcanzable en el Olimpo. Luego los cristianos metieron en el molde del Zeus griego, a Jehová, dios judío. Sacaron de ahí la teología, la teocracia, la teogonía y todos los otros derivados de la raíz teos. Tradujeron del griego al latín y pusieron Deus en lugar del otro. Y hoy estamos en Dios.

Si no ha sido así, bien pudo serlo.

Por eso no me satisface del todo designar con la palabra Dios arcaica a la totalidad, el ser original siempre existente, el ser necesario, el verdadero dios. Por comodidad lo llamo Dios. Pero me refiero al **éso** eterno, lo único que es.

Muy difícilmente se acepta que algo exista eternamente. De ordinario el hombre piensa en términos humanos y refiere todo a su propia experiencia; y el hombre nunca ha experimentado nada que no haya comenzado en algún dado momento, nada que no conlleve asociada la noción de tiempo.

El tiempo va unido al universo y es con el hombre.

El hombre interpreta la realidad.

Mas para Dios -en nada humano- cabe que algo exista desde siempre y completamente ajeno al concepto de tiempo. Concepto por otra parte ligado desde sus orígenes a la ciencia de los físicos.

Primero el tiempo nace con el Universo y después con el hombre nacen los conceptos de un antes y un después. Fuera del

Universo no existe el tiempo. Y el antes y el después valen sólo para el hombre en el mundo. Dado que el hombre es consciente limitadamente, sólo es consciente de las cosas de una en una, de modo sucesivo, no simultáneo. Mas las cosas existen a una, simultáneamente, en el espacio y en el tiempo.

Ahora coexisten pasado, presente y futuro; pero yo, hombre, no percibo de ordinario otra cosa que el presente.

El antes y el después nacen para mí de que percibo las cosas una tras otra, sucesivamente, y no de golpe todas ellas. El tiempo es limitación inherente al hombre.

Ahora, el que exista Dios es imprescindible y del todo concebible.

El universo comenzó a existir en cierto momento -dicen los que siguen la Biblia; no existía antes y lo creó Yahvé.

El verbo existir tiene sentido a la par del concepto de tiempo; el verbo ser es atemporal. Las cosas existen en el tiempo; pero son intemporales.

Lo creó ex nihilo, añaden aquellos; ex-nihilo, de la nada, con minúscula. Mejor se dijera que lo creó del vacío; pues la Nada, con mayúscula, la nada absoluta, no se ha dado nunca. Y con la nada, con minúscula, entienden aquellos la nada relativa, la ausencia sólo del universo material, no la del dios. Para ellos se daba la nada cuando existía el dios bíblico pero no existía aún el universo.

Cuando según la concepción que apunto aparece este universo, ya existía Dios, el dios Yahvé. Antes del universo no estaba la Nada, sino el dios y el vacío. Y como ya dije, entiendo por vacío la ausencia del universo; el hueco en que vendría a situarse él.

La gente a que me refiero entiende erróneamente por la nada, por esa nada relativa, este hueco. En cambio la palabra vacío se liga necesariamente a un universo ya existente, a la idea de espacio, puramente humana y por lo tanto posterior a cualquiera creación.

El concepto de vacío conlleva la idea de algo que está a la espera; el vacío es el hueco en que va a aparecer el universo, al que va a crear -según los creyentes en el dios Yahvé- algo que ya existe antes.

Hablo de vacío cuando ya he supuesto existente al dios. El vacío es la ausencia del universo. El universo es la ausencia del vacío. Uno sustituye al otro. Son como dos caras de una misma moneda, lleno, vacío.

Mas los creyentes llaman nada al vacío y dicen que el dios creó de la nada el universo.

Si el dios creó <u>ex nihilo</u> el universo, no cabe responder a la pregunta de por qué Dios eterno, siempre existente, demoró en crear el universo, lo creó en un momento temporal.

Se dice que el dios es caprichoso; y que poderoso hace lo que quiere; hace lo que hace cuando quiere y porque le da en la vena.

Lógicamente se pensara que no teniendo Dios principio, tampoco lo ha tenido su aquí supuesta creación; de donde se concluye, y dado que para nosotros el universo que llamamos material comenzó en un momento dado, que ese universo material es el mismo Dios, y comenzó en cuanto a la forma, mas no en cuanto a la sustancia. Entendiendo por sustancia lo último, lo que hay detrás de todo.

¡Qué sencillo!

Porque hay otro enigma, que de nuevo sólo resuelve la supuestamente veraz humana razón.

Si el dios creó el universo y el universo no es el dios, el dios habrá creado lo no dios.

Lo no dios es lo extraño a dios y se le opone; es opaco al dios.

Impensable que el dios llegue a crear algo que se le oponga, algo a él radicalmente extraño, algo que escindirá la realidad en dos partes mutuamente excluyentes.

Impensable.

El universo y Dios son uno mismo; son la misma realidad.

El universo, que la Academia define como conjunto de todo lo que existe. Definición que de ser verdadera tendría que englobar también en él al mismo Dios, puesto que existente.

A no ser que como yo la Academia distinga entre existir y ser. Cosa que dudo. El universo existe; Dios es.

El universo es más bien el conjunto de la llamada materia - dicen las gentes que se abanderan con la ortodoxia católica.

Yo añado a la materia el vacío, hueco en que está.

A un lado, Dios; al otro, el universo, compuesto él de materia y de vacío. Digo vacío, no digo espacio. El espacio es concepto de algo finito indisolublemente ligado a la materia y a la ciencia física, como la otra cara de la materia; la materia se da en el espacio; el espacio nace con la materia; mientras que por vacío se entiende aquella región del espacio en que no existe condensada la materia.

Compondrían pues la totalidad, el universo y Dios; o lo que es lo mismo la materia, el vacío y Dios, de prevalecer la opinión primera que he citado.

Mas si Dios fuera justamente el conjunto de lo que hay; si fuera la Totalidad, el conjunto de materia y vacío, nada se excluyera y desapareciera el problema arriba mencionado, el de que el universo creado ex nihilo dependa del tiempo. La totalidad que aquí apunto habría existido siempre.

En este caso la materia y el vacío serían aspectos diferentes de Dios. Dios se manifestaría en el universo tangible y explorable; Dios se manifestaría de ese modo. Se manifestaría a todos los capaces de percibir lo manifestado, a saber, los humanos, los animales, las plantas y también las rocas minerales. Pues nadie demostrará jamás que el mundo mineral no sea consciente. Tal vez lo sea, a poco que imaginemos distintos modos serlo.

Si todo esto es así, Dios se manifiesta en el universo. Se manifiesta ante sí mismo, porque nosotros, y este nosotros nos abarca a todos, piedras incluidas, somos Dios.

He ahí a un Dios que ha sido siempre, que siempre será y que no necesitó cambiar en un momento dado su modo anterior de ser para crear el mundo. El mundo es consustancial con Dios y eterno con Él. El mundo es Dios.

El mundo es ese Dios trascendente al que yo me refiero.

Todo se aclara.

Y tantas otras cosas dejan de ser enigmáticas....

7. LOS PROBLEMAS

El Dios a que me refiero, <u>éso</u>, ¿se ocupa de sus criaturas? Mal llamadas tales, puesto que no han sido creadas y son Dios mismo.

Naturalmente, se ocupa. Las dichas criaturas son aspectos de Dios; Dios se manifiesta temporalmente en ellas. Ocupándose de ellas, Dios se ocupa de sí. Uno se ocupa de sí mismo.

Dios se ocupa de sí mismo, esto es, de las que otros llaman criaturas, de manera tal que desconcierta al hombre. Por interesarse adecuadamente, el hombre entiende interesarse por lo que sólo a él interesa, es decir, sus desgracias y su bienestar, las humanas desgracia y bienestar; y sólo a la manera del hombre. Pero Dios no se ocupa del hombre a la manera humana, según la humana medida, sino a la manera divina, que no ha de asemejarse en nada a la otra.

En sus Comentarios al Libro de Job, fray Luis de León muestra a éste que se queja al Dios que supuestamente lo prueba, de que trate con insólito rigor a un hombre que siempre ha guardado lo mandado y que por éso espera se lo considere y aun se lo premie. Y Dios se le ríe en las barbas, pues el premiar a los buenos y castigar a los malos, los humanos lo han inventado. ¿De dónde has sacado -le pregunta- que obedeciendo siempre unas leyes supuestas mías y que tú mismo te has dado, ganabas el derecho a que te tratara yo con arreglo a lo que tú consideras bueno?

Y tenía razón.

Los hebreos hicieron a su dios a imagen y semejanza de sí mismos. A imagen y semejanza de sí mismos patriarcales, organizados jerárquicamente a ultranza, dominantes unos, sumisos los otros. Y lo llamaron único dios y verdadero.

Se pasaron de soberbios.

También es problema la voluntad.

Dios -el Jehová-Dios de la Biblia- es Voluntad antes que Entendimiento -dijo Ockham; pero se equivocó.

Atribuyendo a Dios, al Dios trascendente, no al dios de la Biblia, las supuestas potencias del alma humana, a saber, la memoria, el entendimiento y la voluntad, de nuevo se encierra al infinito divino ser en el círculo angosto del ser a la manera humana. En el hombre cabe distinguir -acaso- las citadas potencias; pero no cabe extenderlas a Dios. No ha de acomodarse el ser divino a las características humanas.

En el divino ser no hay voluntad. Ni falta hiciera que la hubiese. Dios es y le basta; no necesita querer ninguna cosa.

Al fundarlo todo, pues sin él no existiera nada, todo está en él desde el principio, no tiene que escoger.

Se define la voluntad excluyendo, diferenciando. Diciendo quiero ésto, digo implícitamente no quiero lo otro. Enfoco algo y dejo en la penumbra lo demás. Aquel que quiere, define, delimita, aparta. Si Dios es todo y todo está en él, nada quiere ni prefiere.

Dios no tiene fines, no persigue nada. El querer humano presupone intención, finalidad. Uno quiere intencionadamente; cuando uno quiere, busca alguna cosa. Mas puesto que en Dios está ya todo, Dios no persigue ningún fin. Todo está ya en él presente eternamente.

Consecuencia de querer a Dios voluntarioso es el pintarlo déspota. El despotismo es desmesura. El hombre cae en ella porque en un momento dado se empeña en algo y aparta lo demás. Se fuerza entonces a mostrarse unilateral. Pero es impensable un Dios desequilibrado. Dios no se empeña en nada, puesto que todo es en él eternamente.

Dios no lucha contra un diablo inexistente, ni quiere salir ganando, cuando con él supuestamente contiende. Ni tampoco favorece el bien y aborrece el mal. Ni se encoleriza porque el hombre persista en pecar. No puede ser de otra manera, si todo es Dios y tan Dios son los ángeles como los diablos, los bienes como los males, los pecados como las virtudes, categorías que el hombre y sólo él ha definido.

Para Dios no se dan ni el bien ni el mal; no porque omnipotente se lo permita todo, incluso detener el sol sobre Josué, amedrentar a Lot convirtiéndole en sal a la mujer o hacer que Jesús salga de María virgen; sino porque para Dios no tiene sentido el distinguirlos.

Necesariamente Dios es primero y único. Fuera de lugar está el hablar de bien y de mal anteriores a él. Dios es, y lo que es, también es bien por necesidad. El mal contrariara a Dios, y nada hay contrario a Dios, ya que si lo hubiera, Dios no fuera Dios, porque lo contrario a Dios fuera lo que Dios no es; y lo que Dios no es limitara a Dios. Absurdo; pues siendo Dios primero y único, no conoce rival ni nada lo limita.

Dios no estudió con Aristóteles, y por ello es al mismo tiempo él y su contrario. Dicho de otra forma, imposible es en Dios hablar de lo contrario; la realidad no es dual; Dios es una página con una cara sola.

Mas para el hombre hay el bien y el mal; al menos él los distingue; aquí enmienda a Dios la plana.

No me excederé siendo severo: al hombre desazonan ciertas cosas, y teniéndolas por malas está en su derecho.

Pero extender a Dios lo solamente humano es cuando menos pretender ridículamente.

Sólo Dios es. Si también fuera lo no-Dios, ya fueran dos y se limitaran mutuamente. Y si dos, igual fueran centenares.

Mas sólo se concibe a Dios ilimitado.

Tanto más me choca que entre nosotros se acepte fácilmente y nadie la critique, el ver dual la realidad. Lo que me lleva a pensar en la cultura, en nuestro modo occidental de ver la vida.

Para los occidentales, que vemos el mundo como lo veían los griegos, los romanos y los judíos de la antigüedad, arbitrariamente el vivir es enfrentarse, lucha perpetua, dominar. No concebimos vivir que no sea contender. Y no hubiera contienda si antes no hubiera contendientes; es decir, dos que se oponen, dos que se enfrentan, dos que difieren.

Parafraseando a Kierkegaard, o ésto o lo otro.

Separando a Dios del mundo, viendo dual la realidad, nos justificamos en cuanto al carácter dominantes y crueles. Nos interesa enfrentar a Dios con el diablo, poner el mal frente al bien, vivir luchando contra algo.

Supeditamos a Dios a unos intereses creados.

Mas no hay que definir absolutamente como lucha la existencia.

Dios es y con su ser lo explica todo.

8. MARX CONTRA LEFÊVRE.

Para Marx, no hay dios de la Biblia ni otro que lo sustituya; sólo existe la materia dicha bruta, nada divina, nada trascendente, aunque eterna. Para él, originalmente la materia existía en estado caótico, estado sin orden, y de ahí surgieron casualmente mundo y ser humano.

Antes, el caos o materia sin organizar; después, el cosmos o materia organizada; y casualmente se transforma el uno en el otro. El <u>deus ex machina</u> es el acaso.

Lo mismo que dicen los cristianos con otras palabras.

Para Marx, la nada de los cristianos es la materia en estado caótico; el universo creado, la materia organizada en cosmos; y el dios creador, el acaso.

No parece demasiado innovador respecto a lo precedente.

Si por Dios se entiende el de los Testamentos Antiguo y Nuevo, subscribo a Marx: no existe el Yahvé personificado de la Biblia. Inventándolo, unos hombres remotos crearon a su imagen y semejanza humanos un dios. Aquellos hombres proyectaron humanamente en Yahvé lo que ya tenían, aquello con lo que se identificaban y que ellos hubieran querido ser: los sumos dominadores, unos déspotas de oriente, los dueños del mundo.

Probablemente no existe el Dios-Yahvé de la Biblia; pero de seguro existe **éso**, Dios, el origen y fin de lo que vemos, lo necesario y anterior a todo, aquello sin lo cual nada existiera.

Repugna un mundo ajeno a Dios: aquí el mundo, ahí Dios. Dos cosas, dos realidades, radicalmente extrañas una a la otra. Pero mucho más fácilmente se acepta que mundo y Dios son la misma cosa. Sólo hay Uno, Dios, y el mundo es Dios.

Marx llamó materia al mundo; y entendió por materia algo inanimado, es decir, absolutamente inconsciente, bruto irracional, caos absurdo, sometido sin embargo a las leyes de un acaso misterioso que la gobierna a su modo y saca el mundo.

De nuevo repugna semejante imagen de lo original. De un lado, presentarlo mecánicamente indiferente hacia lo humano; no concebimos un ser original que no nos ame, que no se ocupe de nosotros, que nos ignore y en cierta medida no nos prefiera a lo demás, animales, árboles y piedras. Sin embargo, nada nos garantiza cualitativamente superiores a los otros. Imaginando que aventajamos a las rocas en lo que quiera que sea, nos arrogamos arbitrarios méritos, nos mostramos caprichosos.

Dios no ha de preferirnos. Pero no es la cuestión. Si tanto nos valoramos conscientes y racionales, capaces de reflexionar sobe el mundo y de inferir, a partir de los datos sensoriales, consecuencias abstractas, para no despreciar las piedras ni rechazar una Divinidad como ellas aparentemente insensible, bastará con otorgar parejas cualidades a todo lo demás.

Las piedras, los animales y los árboles no han de ser por fuerza materia inconsciente; también conscientes, ya son más Dios.

Considerada así la cosa, se acepta ya que el mundo sea Dios; y en lugar del caos, aparece un orden. Dios es el mundo, el mundo es consciente y se encamina a un fin.

No se lo demuestra; pero se lo entiende y se lo puede aprobar y admitir. Es plausible. Lo finalmente difícil es saber qué fin. La finalidad del mundo, lo que supuestamente se propone Dios, no parecen aquellos que los humanos prefirieran. Sólo cabe decir: no lo sabemos; es misterio.

¡Qué fácil! No un Yahvé déspota humano, sino Dios; no materia bruta, sino conciencia; no caos informe, sino transcendencia.

Innecesario profesar de ateo, enfrentar a Marx con Lefêvre, defender a sangre y fuego el modernismo de los laicos ilustrados contra el arcaísmo de los clérigos oscurantistas. Se reconcilia al hombre con la vital necesidad de la transcendencia y se conserva las estructuras laicas razonables del Estado.

¡Qué sencillo!

¡Y pensar que todo el fuego y sangre y sufrimiento vienen de quererse encastillados en caprichosas y muertas tradiciones!

9. POR QUÉ DIOS NO SE ABANDERA CON EL BIEN

Distingamos entre el dios natural y el dios moral.

El dios natural es el conforme a su naturaleza.

La naturaleza de Dios y la del ser humano o la de otro cualquiera ser dicho creado, difieren.

La naturaleza de algo es aquello que hace que sea lo que es y no otra cosa.

Nos referimos a la naturaleza humana como algo dado desde fuera. Aquel que decimos lo ha creado, Dios, ha dado la naturaleza al hombre. La naturaleza del hombre le es ajena, la ha recibido de fuera. Pudo ser otra. En el hombre, la naturaleza propia le es ajena, se le impuso, es controvertible, se imagina que fuera otra, tal vez mejor, más conveniente de acuerdo con principios diversos.

La naturaleza de Dios es algo totalmente distinto. Dios es conforme a su naturaleza. Pero puesto que Dios es, que él es lo primero de todo, que él lo origina todo y nada lo origina a él, su naturaleza le es consustancial, la única posible, sinónimo de él, no le ha sido dada.

Puesto que Dios es desde siempre, su naturaleza es la que debe ser, la única posible, la justa, la recta.

Dios es pues conforme a su naturaleza. Y esa naturaleza no es moral. Dios no distingue entre bien y mal. Puesto que Dios origina todo, Dios es todo y tan Dios es lo que el hombre tiene por bien como lo que tiene por mal.

Dios no crea nada que sustancialmente no sea Dios. Todo es forzosamente Dios. Absurdo fuera algo que no fuese Dios, algo extraño a Dios. Lo extraño se nos opone. Y a Dios nada se opone, pues todo es él. Dios no crea algo que no sea Dios, algo que lo discuta, algo sustancialmente ajeno.

Dios no distingue. Dios no es moral.

La moral es cosa humana. El hombre ha distinguido entre bien y mal. Llamó bien a lo para él conveniente; como por ejemplo alimentarse a gusto, que los demás compartan con él los bienes, que le den de comer si necesario, que le respeten la vida y no atenten contra ella. O a lo que conviene en una cultura dada; tal como no apoderarse de lo ajeno o que los empresarios creen puestos de trabajo; y mal a las quiebras fraudulentas.

Dios no ha de asemejarse al hombre. Las cualidades de Dios no han de ser las de los hombres, ni siquiera elevadas éstas al rango de absolutos.

Pero ciertos hombres aliaron con ellos arbitrariamente a Dios. Moisés bajó del monte y dijo a los suyos que Dios había impuesto a los hombres aquellos preceptos que él traía. Que ordenaba conducirse de este modo y prohibía hacerlo de aquel otro; que premiaba a quien lo obedecía y castigaba a quien lo discutía; que Dios aborrecía el mal.

El ser humano Moisés hizo a su dios, lo hizo ser moral y con él suplantó al Dios trascendencia.

Dios no se dio por enterado. En el mundo prosperan los malvados. Sadam Husein mata kurdos gaseándolos; Truman atomiza japoneses; tal vez la aberrante sociedad atómica acabe con la especie humana: Dios ni parpadea. No se inmuta. No toma partido. Sencillamente es.

Extinto el ser humano, Dios seguirá siendo.

Así se lo distingue.

10. DIOS NO LEGISLA.

Todo es Dios. Y puesto que nada hay superior a Dios, anterior a Él, todo es bueno, es necesariamente bueno, bueno por definición.

No es malo lo que es necesariamente.

Algunos cristianos del pasado se angustiaron porque el dios omnipotente suyo no había hecho mejor el universo-mundo.

Interpretaban el término mejor a la manera humana. Un mundo que agradase más al hombre.

Pero Dios no se anticipa al querer humano.

Dios no se hace universo para el hombre, previéndolo a él y lo que prefiere. No excluye del universo el mal del hombre. Y los conceptos de bien y de mal no son absolutos ni preceden a Dios.

Habiendo Dios originado todo - para nosotros, en el tiempo, el universo nuestro - imposible le antecedieran las ideas de bien y de mal. Solo se las define en el plano de lo humano; los conceptos de bien y de mal significan algo sólo en el mundo de los hombres.

En el mundo de Dios, nada significan; a escala divina carecen de sentido; porque, necesariamente, Dios no coexiste con el mal, entendiendo por mal algo que Él rechazara, algo que le repugnara. No se concibe algo que repugne a Dios; algo que Dios no apruebe, algo que lo contraríe; porque fuera aceptar que algo se imponía a Dios, iba contra su necesaria naturaleza de primero y único. Puesto que de él todo procede, nada se opone a Dios.

Dios es todo y por consiguiente todo es bien. Sólo Él enjuicia válidamente la bondad de aquello que él se hace: no cabe controversia. Entendiendo por mal lo que disgusta a Dios, Dios no se disgusta con aquello en que Él mismo se transforma. Ninguna de las formas que Dios toma es mal; sólo es bien. No se distingue entre Dios y el bien.

Para Dios, no hay bien ni mal. Sólo hay bien; lo que Él es, lo que Él se hizo, las formas que adopta.

Mas para el hombre hay el bien y el mal. En el plano humano, hay el bien y hay el mal; el hombre distingue moralmente.

No por ello la moral precede al hombre, moral que ya existiera en el reino anterior del Ser, el reino de Dios; moral que Dios aceptara y valorara antes de transformarse en hombre. Dios se hace moral en el hombre sin que Él mismo sea Ser moral.

Cabe que Dios haga entender al hombre: en cuanto hombre, ésto estará bien y ésto otro estará mal. Te conviene hacer el bien tuyo y evitar el mal tuyo, no porque Yo lo ordene arbitrariamente o me halle sujeto a aborrecer un mal preexistente a Mí, sino porque dada tu naturaleza, unas cosas te favorecen y otras te dañan. De dirigirme a ti, sólo te llamara la atención sobre ello, por si no te hubieras dado cuenta aún. Pero Yo, Dios, no entro en tu moral. Yo no aborrezco el mal, puesto que tú, íntegramente eres yo manifestado así. Yo no hice el mal, no lo creé. He tomado la forma de un ser, el hombre, que por naturaleza obra bien y obra mal, convenientemente o de modo dañino en cuanto a ella.

No cabe leyes de Dios; tan sólo retóricamente advertencias.

Dios no legisla; sólo se hace seres limitados. Y yerran quienes equivocadamente llaman leyes divinas las limitaciones humanas; al estilo de las leyes del derecho positivo humano.

Muchos hombres se escandalizan de que Dios permita el mal; pero se comprende fácilmente el mal.

Dios se hizo hombre; ya desde el comienzo se deja ser hombre, es decir, obrar conforme a la naturaleza humana, obrar bien u obrar mal en términos humanos. Inconcebible fuera que Dios se hubiera hecho hombre capaz de bien y capaz de mal y acudiera luego a castigarse cada vez que hiciera el mal; o se amenazara con atormentarse eternamente si obraba el mal.

Con el mal, el hombre se castiga, pues consecuentemente con su actuar se daña. El daño consecuente al mal es el castigo. Dios no interviene, ni en el momento de hacer el mal, ni después, ya muerto el hombre.

Dios no legisla. Sólo crea, llamando crear el tomar diversas formas. Dios no es moral; para Él no existen el bien ni el mal; para Él todo es bien.

Se yerra responsabilizando a Dios - atribuyéndole el haber definido previamente el bien y el mal - de que el hombre se conduzca mal. Sólo el hombre responde de sí mismo, de lo que hace, de como se conduce; se halla destinado a escoger deliberadamente hacer tan sólo el bien.

Dios no impone nada; sólo tal vez señala. No dice: si no haces tal cosa y evitas tal otra, me enfado y te castigo. Nada de éso; sólo advierte: dada tu naturaleza, ésto te conviene y aquello te daña.

El bien y el mal significan algo para el hombre; no significan nada para Dios.

11. LO SANTO. DE RUDOLF OTTO.

Algunos dicen que la religión se ha desarrollado en la Historia; con ello de nuevo se confunde el sentimiento religioso, la religiosidad, con lo que dogmatiza una organización determinada dicha religiosa, y con sus ritos.

Sugieren luego que en el ánimo del hombre primitivo se desarrolló espontánea y gradualmente el sentimiento de pavor ante lo numinoso, es decir, lo innombrable e incognoscible, y que de ahí se inventó los demonios y los dioses.

El pavor, terror de íntimo espanto.

Los hebreos decían emat Yahvé, terror de Dios; los griegos, deima pánikon, terror pánico. En el Éxodo judío se hace decir al dios las palabras: Yo enviaré mi terror ante ti y consternaré todo pueblo donde tú entrares.

Eran primitivos. Mas hoy difícilmente comprendo que tantos acepten primero y se deleiten luego en temer a Dios. No hay que temer a Dios; al Dios trascendente. No se es virtuoso temiéndolo, ni viéndolo amenazador y destructivo: se es ignorante y tal vez perverso sumiso. Naturalmente Dios suscita sólo amor y confianza; puesto que todo es Él, todo está bien. Aunque según miden los hombres, no lo parezca.

Se sostiene que originalmente el hombre sintió ese pavor; que lo inspiró lo numinoso; y que lo numinoso es el dios.

Más plausible es el que primeramente, en sociedades humanas, a jefes crueles, dictadores arcaicos, humanamente hayan movido fuerzas psicológicas propias; despóticamente - lo describe ingenuamente Maquiavelo - empavorecieron a los súbditos, a los que habían sometido, a los que querían someter. Y luego se protegieron - también pasibles ellos - de la ira de los sometidos y de sus represalias atribuyendo tal pavor a un ser abstracto y fantasmal al que llamaron dios.

Supuestamente razonaron: perpetuaremos el temor que tanto nos beneficia, si primero señalamos al dios como su causa y luego hacemos invisible e inalcanzable al personaje. ¡Qué situado más allá del humano alcance y fundamentalmente ajeno, extraño, inasequible, no se llegue a él! Y perpetuando que el hombre tema, se perpetuará también que se someta.

Se induce a los sojuzgados a aceptar exista tal dios y el hecho de que despierte temor; se los lleva así a no atender al ser concreto que les causa el sufrimiento, el jefe del momento, contra el cual uno eficazmente se rebelara, y a atribuírselo al ser abstracto, inasequible.

Lo hicieron Stalin y Videla; lo hace Sadam Husein; y diariamente nuestras autoridades y quienes educan. Tal vez se copia al dios antiguo: pero más plausible es que antiguamente y del dictador de turno se haya inventado los dioses.

En connivencia con sus inmediatos secuaces, el dictador ancestral inventó el dios temible; y a ellos los nombró sus sacerdotes servidores; así se instituyó la primera religión positiva. Y desde entonces, con esas mal llamadas religiones, los hombres mal dichos religiosos confundieron a los hombres, suplantando con ellas en ellos el sentimiento religioso genuino universal.

El ser humano siente religiosamente. Sentir de esa manera es en él tan natural como sentir de cualquier otra. El hombre siente naturalmente la existencia de lo necesario, Dios.

Tiene que ser así; pues el hombre se sabe contingente, transitorio, producto de lo desconocido, dependiente de algo misterioso que sin posible medida lo sobrepasa.

Pero ese sentimiento de Dios nada tiene que ver con las religiones positivas ni con sus dioses particulares, históricamente creadas, humanas, intencionadas y utilitarias.

Los autoritarios todos inducen del mismo modo en el alma de los hombres ese pavor a que antes aludía; ese temor extremo a algo numinoso, incomprensible, inalcanzable. Sencillamente con actos muy crueles, gratuitos, inexplicables -meter electrodos en el estómago de una niña inválida de 14 años y aplicarle descargas eléctricas- aterrorizan a los sometidos. Nada lo justifica. Es acto esencialmente divino por lo inexplicable. No se busca el vengarse, ni lo respalda la ira, ni sentimiento de defensa propia; nada comprensible hay tras él. Es el mal gratuito. Los nazis lo ejercieron contra eslavos y judíos. Nadie a salvo de que inmotivadamente se lo castigue, de noche y sin aviso se lo arreste, de los peores males sin razón o fundamento. Todos sin reposo tensos y sobresaltados.

Fácilmente se vuelve pavor numinoso ese terror instintivo y animal. Y como difícilmente el ser humano se protege contra tan inhumana prepotencia, contra esa máquina cruel y fría, y al mismo tiempo le repugna y lo desespera reconocerse impotente frente a hombres tan sólo, como él, sin gran esfuerzo se lo lleva a proyectar ese terror en un ser imaginario, en un dios; a someterse y aceptar ese poder cruel, a santificarlo y adorarlo. Si es santo, inalcanzable, ni sueño en rebelarme; acierto reconociéndolo dios.

De un jefe cruel, ciertos hombres crearon a su dios y religión.

12. A DIOS NO SE LE DA UNA HIGA.

A Dios no se le da una higa de nuestros infortunios. No ayuda a la víctima frente al verdugo; la víctima muere, el verdugo triunfa; y Dios no se da por enterado.

Si Dios no vale a los débiles y nosotros insistimos en protegerlos, tan sólo humanamente los compadecemos. Con independencia de Dios nos mostramos virtuosos los humanos. No tomamos ejemplo de Dios. Sin referirnos a Él, nos responsabilizamos de los otros hombres. Puede que no lo hagamos porque seamos bondadosos, y que con ello sólo nos curemos en salud y sembremos nuestra propia salvación. Aun así, compadezcamos.

Pero a primera vista Dios no ayuda al débil. El violento atormenta a los pacíficos.

Dios no salvó de los nazis a los judíos gaseados.

No salvó de los americanos a los 300.000 japoneses que los yanquis mataron con la Bomba y el napalm.

No salvó de Videla o Pinochet a los 30.000 que sus esbirros torturaron e hicieron desaparecer.

Dios no ampara al desdichado que en la cárcel desespera.

Dios no auxilia a los niños que un adulto maltrata.

Dios siempre se calla. No interviene.

No aterra en Dios que a diferencia del hombre no distinga entre el bien y el mal. No importa que para Dios no exista el mal; que no lo alteren los crímenes humanos y no intervenga.

Angustia que se muestre pasivo ante el dolor. Aterra que se ausente y calle en Getsemaní y el Gólgota; que no consuele en la agonía, en tantas agonías.

Conformes en que Dios no es la figura personal que se nos dice; en que no comulga con los valores nuestros, aunque se diga que él los dictó; en que no premia a los obedientes ni castiga a quienes se le rebelan. Conformes, en que no se sujete a la humana moral.

Bien está un Dios independiente y grande.

Pero apena y no se comprende que siendo todo Dios, no sienta nuestros padecimientos.

Se ha copiado de lo humano el dios vigente entre nosotros, el dios bíblico. Nada con él tiene que ver el Dios verdadero; pero quisiéramos a éste más atento a nuestro humano bienestar. Un Dios más abstracto que Yahvé, más impersonal, y al mismo tiempo humanamente amoroso.

Imposible que el indudable Dios sea maquinalmente indiferente al dolor del hombre. Aceptarlo insensible y ciego equivaliera a aceptarnos indignamente impotentes frente a una arbitrariedad que si bien divina repugnaría a una naturaleza que Dios mismo ha formado capaz de tal disgusto.

13. EL HOMBRE ES ÉSO.

El hombre es Dios.

No idénticamente; el hombre no es idéntico a Dios, pues no es Yahvé, aquel que manda y no obedece, aquel que a ruegos de Josué detiene el sol; sino que es Dios a la manera de algo que procede total y necesariamente de otra cosa.

Dado que sin Dios no existiera el hombre y que de Dios primigenio procede la sustancia humana, el hombre es Dios.

Comúnmente se dice que Dios ha creado al hombre, que Dios ha creado el mundo. Académicamente se entiende por crear el dar el ser, el producir lo no existente, el producir algo partiendo de la nada. Se dice también que el hombre crea, una obra de arte por ejemplo, un cuadro o una estatua.

Si se entiende por crear lo que entiende la Academia, Dios no crea a la manera que crea el hombre. El hombre crea tomando la materia que ya existe y dándole forma nueva. Crea un cuadro pintándolo. No crea la materia, sino las formas que le da. Antes de crear, la materia ya existía; el lienzo, los colores; pero no las formas nuevas; el dibujo. El hombre crea formas que antes no existían; no crea sustancias.

Mas al parecer, Dios no crea de ese modo. Crea Dios el mundo partiendo de la absoluta inexistencia de ese mundo; partiendo de la absoluta inexistencia de lo que no es Dios; parte de la llamada impropiamente nada; tiene que crear a un tiempo la materia y la forma de su obra. Sustancia y forma.

Pues antes de lo nuevo sólo existía Él, el Dios creador a la manera dicha hubiera tenido que crear materia y forma de lo nuevo; sustancia y forma, no solo la forma.

En el principio sólo existía Dios. Se entiende el principio de lo nuestro, del universo humano. Dado que siempre existente, eterno en la existencia, primigenio, para Dios no hubo principio.

Pero Dios no crea sustancia que no sea Dios. No crea nada que le sea ajeno, nada extraño a Él, nada que sea otro que Él.

¿Cómo creara algo que no fuera Dios? ¿Algo que le fuera extraño, algo que ya desde el comienzo de su existencia se le separara y enfrentara?

¿Cómo creara Dios lo diferente a Él? ¿Lo no-Dios?

Si Dios creara lo no-Dios, por su mismo ser, diferente en cuanto a la sustancia, y ya desde el comienzo mismo de empezar a ser, lo no-Dios se rebelara contra Dios. Pues lo no-Dios es lo contrario a Dios. Nada común a ambos hay en ellos.

En el principio hubiera habido uno que era, y solamente uno; y luego, tras la creación, hubiera habido dos, mutuamente irreconciliables por sustancialmente diferentes.

Hubieran compartido la esencia, la condición de ser, igual que se comparte reinos, aquí mando yo, tu mandas ahí.

Siendo Dios en el origen lo único que era, ¿cómo creara nada que se le rebelara? No se supone a Dios el capricho o voluntad de crear algo que, una vez creado, lo limitara. Con lo que Dios ya no fuera Dios. Pues por definición, por su condición de eterno y origen de todo, un Dios limitado no es ya Dios.

Nada limita a un Dios primigenio. Lo que lo limitara lo superara. Y por definición, por encima de Dios nada hay.

También Dios sólo crea la forma nueva de lo que ya existía en otra forma.

Dios sólo ha creado formas nuevas de Dios. No ha creado lo no-Dios.

Si al principio sólo hay Dios, Dios sólo crea a Dios en otra forma.

Se afirma que Dios ha creado el universo y con él al hombre; inevitablemente se dice pues que Dios se ha dado nueva forma.

Él es la única sustancia posible; y a partir de ella crea todo; diferentes formas de esa sustancia, diferentes formas de Dios.

La sustancia es una; muchas las formas. Por lo tanto las crea sacándolas de sí.

Todo lo saca de sí mismo. Antes de Él no existe nada que no sea Él; originalmente sólo es Él. Por consiguiente todo sale de Él, todo es Él en distinta forma. El hombre, criatura de Dios, sale de Dios, es el mismo Dios.

Es Dios no por ser su igual; sino por hecho de la divina sustancia y sólo de ella; de nada más.

Lo mismo con todo lo creado. Todo lo creado es Dios.

Dios es la materia de sus obras. Su materia prima.

Por otro lado, se dice que con el movimiento el hombre una y otra vez se re-crea, se vuelve a crear. Con el movimiento, con la acción, constantemente el hombre se recrea.

Lo que en el hombre es movimiento, en Dios es creación. Con el acto de crear, incesantemente se recrea Dios. No crea lo no-Dios. Se crea de nuevo a sí mismo. Crea sólo nuevas formas de lo dado.

Mas lo dado es sólo Él mismo, Dios.

He ahí por qué todo es Dios.

14. LOS ACTOS HUMANOS SON ACTOS DIVINOS.

El hombre procede de Dios. Sin Dios, no existiría el hombre. En Dios se origina todo, todo lo dicho creado. Todo lo dicho creado procede de Dios.

Dado que Dios no crea nada opuesto a él, nada que lo discuta, nada que siéndole extraño o enemigo se le escape, nada que se insurja contra él y que lo niegue, nada que una vez creado se le vaya de las manos, ya que suponerlo fuera restar divinidad a Dios, todo es Dios.

Por consiguiente el hombre es Dios. Y los actos del hombre son actos de Dios.

Dios, que ha originado todo, no niega sus propios actos, expresados a través del hombre. Igual que los de un santo, los actos de un malvado son actos de Dios.

Dios arroja la Bomba de Hiroshima; gasea kurdos o franceses en Verdún; en los laboratorios del doctor Mengele tortura a niños e incinera a los judíos en Auschwitz.

¿Cómo separar a Dios de los actos de Dios?

¿Cómo separar a Dios de lo que Dios hace? ¿Cómo separarlo de sus obras?

Imposible; los humanos no comprendemos los actos divinos.

Sólo los hombres se horrorizan de algunos de sus actos. Dios no se horroriza. Dios todo lo acepta.

Si los actos del hombre son actos de Dios, sólo por miedo y precaución, por humana prudencia, los condenamos moralmente.

El hombre hace el humano mal. El hombre se maleará o no se maleará de acuerdo con las condiciones en que viva. El mal es cosa de los hombres; Dios sólo lo admite.

Sin respaldo divino alguno, el hombre ha de escoger por propia iniciativa cómo conducirse.

No es prueba, no es probación de Dios: es naturaleza. Así es el hombre; así se ha encarnado Dios en él.

Dios acepta que el hombre se conduzca bien tanto como que se conduzca mal; mas ello no significa licencia para elegir indiferentemente lo uno o lo otro.

En cuanto a la conducta, cabe al hombre escoger el cómo conducirse, y se conduzca como se conduzca no peca ante Dios.

Pero a él toca, y desde su inocencia original, escoger el bien humano y rechazar el mal.

No existe bien transcendental.

15. LOS SARCASMOS DE LOS CLÉRIGOS.

Cuánto más se conoce de la cúpula de nuestra organización eclesiástica, menos respeto se le tiene.

Angustia el silencio de Dios; la aparente ausencia de Dios en el dolor del hombre; su aparente indiferencia ante la humana agonía.

Dios calla; no interviene claramente para evitar las peores humanas injusticias; no alivia a la vista el dolor de los que padecen.

Lo saben bien nuestros clérigos de la cúpula; que con Pío Nono torturaron a los garibaldinos; que querían en Italia gobernasen laicos y no el Papa absolutista de los Estados Pontificios.

Al igual que Pinochet, que Videla, que Stalin, que Hitler y los americanos de la guerra sucia vietnamita, los clérigos nuestros torturaron. Los que mandaban la Iglesia de esos tiempos; los miembros que se arrogan en ella la supremacía; porque igual que en el Ejército, igual que en los Estados, en la Iglesia se organizan jerárquicamente quienes la componen.

Tras siglos de experiencia, esos señores sabían que el dios bíblico, su dios-Yahvé, no socorrería a los que ellos mandaban se atormentase. Ningún dios bajaría a socorrerlos.

Si se entiende por ateo el que no cree en el Dios de la trascendencia, no el que ha dejado de creer en el dios Yahvé de la Biblia, los mandos de la Iglesia, los eclesiásticos de la cúpula, hombres y nada más que hombres, seres humanos, son los ateos por excelencia.

No creen en el Dios trascendental. Creen, dicen creer, tan sólo en el dios falso, en el bíblico Yahvé.

Familiares con el dios de la Biblia, al que dicen verdadero y único, no creen en el auténtico Dios.

Se menosprecia a quien familiarmente se trata.

La teología es la ciencia del dios; la del dios Yahvé; la ciencia del no creer en Dios, en el verdadero Dios.

Cabe estudiar al dios Yahvé; un dios particular puede ser objeto de la Ciencia; pero no se estudia al Dios trascendente.

Y sin embargo, pese a saber que Dios siempre se calla, no vaciló la Iglesia, no vacilaron esos hombres que la representan, en seguir aseverando las Vidas de los mártires; en las que, ultrajados y torturados extremadamente éstos, aparecían un ángel, tal vez la dicha madre del dios, o quizá el dios mismo, no el Dios verdadero, el eterno Dios Uno, sino un sucedáneo suyo, Jesucristo, más amable y menos tremendo que Yahvé, para consolar a los testigos.

Las tropas de Yahvé, el dios de los ejércitos, los auxiliaban; los mártires se reconfortaban; incluso ya no sentían el dolor; los ayudaba el mismo dios que en Getsemaní y el Gólgota se mostró invisible y mudo.

Los mandos de la Iglesia sabían del tremendo silencio de Dios; los hombres que se decían representar en exclusiva a Dios, lo sabían; pero no vacilaron en mentir, y alimentaron y aún alimentan el espíritu de los jóvenes con la falsedad y la leyenda de los mártires auxiliados y reconfortados.

Los crasos mentirosos clérigos nuestros.

16. DIOS CALLA.

Dios calla. Dios es calladamente. No tiene que decir nada. Habiendo hecho al hombre como es, ya lo ha dicho todo.

Da al hombre una naturaleza y ella contiene ya todas las normas: lo que impuesto por ella el hombre tiene que ser. No falta ninguna posterior Revelación. Ya todo está dicho. El hombre no ha de angustiarse preguntándose cómo debe ser, cómo ha de comportarse. Debe comportarse conformemente a su naturaleza, semejante a la de cualquier otro animal o vegetal : transmitir la vida, ser eslabón de la vital cadena.

El hombre apareció en el mundo con el mismo fin con que apareció esa gaviota que anda por la playa, esa tortuga del acuario: con el de reproducirse, transmitir la vida a otros.

Éso hecho, morirá; como todos mueren. Habrá vivido como corresponde, se habrá realizado.

Los animales todos mueren naturalmente en paz. Ninguno se siente culpable. Ha cumplido su misión; ha sido fiel a su destino. No lo ha discutido. Simplemente lo han vivido, humildemente.

Mueren naturalmente porque naturalmente han vivido.

Lo que, cuando acabe este universo en la forma que ahora tiene, habrá sido de la especie gaviota, ya no nos incumbe.

Otro tanto se debiera decir del hombre. Y se lo dijera, si se lo dejara a sí mismo. Pero con sus modos propios de organizarse y de vivir, algunas sociedades lo corrompen, no le permiten ser él mismo. Algunas sociedades, que se dicen las únicas civilizadas.

Entre nosotros se vive civilizadamente viviendo contra natura, ignorando la naturaleza. A más civilización, menos naturaleza.

Imponiendo y fomentando nuestro modo social de vivir se roba al hombre la naturaleza, se lo aparta de sí mismo, se lo define arbitraria y equivocadamente. Se le señala metas de realización mundana y se lo lleva a ignorar y olvidar su única meta, transmitir la vida.

Se lo sabe, pero todos viven alienados de sí mismos. Comúnmente se ha aceptado los fines que la sociedad indica, fines espurios, fines que descarrían.

Entre nosotros, todo el mundo vive extrañado de sí mismo. En lo más hondo, todo el mundo se siente culpable, extraviado. De ahí tanta tristeza, nostalgia de la patria perdida verdadera.

De ahí que tan animosamente se defienda el vivir mundano ordinario, el conformarse pasivamente a la pauta social. Nadie se examina, nadie reconoce su error, error de tantos, de vivir falsa y equivocadamente. Nadie quiere reconocer que vitalmente yerra.

Organizados socialmente de manera que unos pocos explotan a los muchos, de modo que todos contienden con todos y el triunfo de uno significa el fracaso de los otros, muy difícilmente se da en los hombres nuestros lo más profundo y auténticamente humano.

Perversamente vivimos. Se conoce la verdad, el como vivir felizmente, el como realizarse genuinamente, y se lo dificulta. Sólo te dejaremos realizarte humanamente si... Se esclaviza al hombre.

El impulso sexual es la verdad.

Se desvía sexualmente a las personas. Se les ofrece una serie de salidas para el impulso sexual que dejan de lado la reproducción.

Se reemplaza la procreación, finalidad primordial, por el placer, complemento de ella y objeto secundario.

Para vivir conforme a la verdad, se ha de pagar un precio : las consecuencias de no aceptar las definiciones sociales.

Para justificar el modo falso de vivir y acallar el dolor profundo de vivir erróneamente, se insiste tanto en resignarse a la desesperanza, en ver trágicamente la vida.

17. LA CONCIENCIA DE DIOS.

Si todo es Dios y necesariamente nada hay que no lo sea, son a un tiempo Dios, el humano torturado y aquel que lo tortura.

Unos hombres torturan a otros hombres. Instintiva y moralmente nos repugna que tal cosa se haga, y lo condenamos.

Sentimos estrictamente como humanos; Dios se mueve en otro plano; sin embargo, ¿cómo aliviaremos el dolor de ver que un mismo Dios es a la vez torturador y torturado?

Se comprende que Dios no haga suyo el sufrimiento humano. Se comprende que Dios no sienta como sentiría un ser humano. Bien está que Dios no se parezca a los humanos ni tenga por qué parecérseles; pero ¿cómo explicarnos el que a un tiempo padezca Dios y cause los padecimientos?

¿Cómo entender que se torture Dios, aunque bajo la forma de la carne y de la sangre humanos?

Se supone cualidad más alta de los hombres, la conciencia reflexiva de sí mismo y de las cosas; y repugna concebir a un Dios carente de conciencia tal.

Un Dios inconsciente a la manera caprichosamente atribuida a los dichos brutos y a las piedras, repugna al hombre, que también difícilmente lo imagina. Al pensar a Dios, lo preferimos consciente a la manera humana, única que conocemos.

Mas tal vez Dios sea consciente de otro modo que el humano.

Pero si Dios es ser consciente, ¿cómo explicar que una misma consciencia, única y divina, esté a un tiempo en el torturado y en el torturador?

Se imagina que las conciencias humanas individuales son sólo conciencias parciales, algo así como parcelas de la total conciencia divina; en cuyo caso se concibe que por ignorancia de la otra, una conciencia la torture. Serían aquí dos conciencias, que aun saliendo de un tronco solo, ignorasen su fuente común, su profunda identidad, y cupiera por lo tanto que una torture a la otra.

Pero difícilmente se admite que la conciencia total, la conciencia divina, se reparta así, en dos conciencias mutuamente excluyentes.

18. OTRA VEZ DIOS, EL DIOS TRASCENDENTE, Y EL DIOS BIBLICO.

En el diccionario he buscado universo; y se me remite a mundo. Una vez en mundo, leo: **Mundo**: Universo, conjunto de todas las cosas creadas.

Delimitada la palabra universo, con ella se representa solamente lo que el común pensar da por creado. Cosa curiosa, incluye a los ángeles y a los demonios.

Prescindo de tal preconcebida idea y defino el universo como conjunto de los cuerpos celestes y el vacío que supuestamente ocupan y llenan. En los cuerpos celestes incluyo la Tierra y lo que ellos contienen.

Para el pensar nuestro común, existe un dios -el dios bíblico, Yahvé- y aparte de él, el universo. Para ese pensar forman la totalidad dos partes irreconciliables, el dios en que los cristianos creen, puro espíritu, y el universo que ese Dios ha creado, pura materia. Universo que tiene también parte de espíritu si en él incluimos a los igualmente creados ángeles y demonios.

Mas no existe el dios cristiano, el dios bíblico; sino Dios, el Dios innombrable. Y por este Dios entiendo la totalidad, indivisible y una.

La totalidad, incognoscible para el hombre. Pues siendo el hombre parte, nunca ha de abarcar el todo. Lo contenido en algo no contendrá jamás aquello que lo contiene.

Nunca el hombre comprenderá a Dios, lo abarcará. Dios, el todo, comprende en sí a lo demás, lo abarca; y nada de éste lo comprenderá a Él.

Racionalmente hablando, no existe el dios bíblico, porque tal personaje no es plausible. Cabe que exista; pero la razón no lo sancionará. En tanto que la idea del Dios que aquí propongo es muy plausible y sancionable. La razón es cualidad limitada humana, es propiamente humana. Pero alcanza a saber que existe el todo.

Por definición Dios es la totalidad, lo incognoscible, lo anterior a lo demás; y en Dios no se distingue partes, a un lado el puro espíritu, el dios; y al otro, lo restante, sólo materia.

El universo no es materia, algo distinto de Dios y del todo ajeno a Dios; tampoco el vacío es otra cosa; sino son ambos diversos aspectos de Dios. Dios se nos aparece - dijéramos - bajo dos ropajes, los cuerpos celestes y el vacío. Universo cuando Dios ya adoptó la forma material, y vacío, antes de adoptarla.

No que Dios tenga dos aspectos, sino que los instrumentos con los que percibimos los diferencian. Pues universo y vacío son una cosa sola, a saber, Dios. El conjunto de todos los cuerpos celestes con lo que contienen, más el vacío, es Dios.

En este contexto acostumbramos hablar de espíritu y materia y distinguirlos irreconciliables; la materia, inconsciente de sí, y el espíritu, pura conciencia.

Es falso. No existen el espíritu y separadamente la materia. Existe la totalidad; pero la totalidad es Dios y Dios es consciente; pues también es falso que siendo Dios el todo, tenga que ser forzosamente un agente ciego, bruto, irresponsable; por emplear estas palabras limitadas, circunscritas, únicas de que disponemos, lenguaje familiar.

Imposible imaginar verosímilmente que lo eternamente existente y origen de todo carezca de conciencia o percepción.

Con la palabra Dios se suele designar a un ser espiritual, no material, y personal, es decir, semejante al hombre, puesto que dotado de sus mismas facultades, aunque en grado sumo; lo heredamos, nosotros, los cristianos, de la tradición hebrea.

Con el fin de distinguirla de aquel dios-Yahvé improbable, prefiero designar con la palabra Dios esa realidad incognoscible que supuestamente trasciende el universo. Dejando bien claro que para mí el universo es él mismo Dios.

Pero Dios no es persona separada de lo demás existente; como se lo viene admitiendo entre nosotros; a un lado un tal Dios, el dios, persona que piensa, siente, quiere y obra como piensan, sienten, quieren y obran los humanos; y al otro el universo, creado por Él y llamado mundo, espiritualizado éste en grados diversos, que van desde los ángeles, sólo espirituales aunque creados, hasta las rocas, sólo materiales.

Lo que llamamos materia es un aspecto de Dios.

Según el pensar clásico, el Dios es la razón; la materia, los sentidos.

En el pensar que hora propongo, Dios es la razón y los sentidos; la unión de lo dividido, la totalidad de lo que estaba en partes.

Oponerse al dios, a Yahvé, a cualquier dios; no oponerse a Dios!

El hombre brota pues de Dios, es él Dios, puesto que siendo parte del universo, y siendo el universo aspecto de Dios, el hombre es, como lo demás, manifestación de Dios.

Dios se nos manifiesta así; es así como lo vemos, como accedemos a Él.

Si no existiéramos y con nosotros no existiera tampoco ningún otro tipo de conciencia, no cupiera hablar de manifestación alguna, pues al no haber nadie que percibiese lo manifestado tampoco existiría la acción expresada por el verbo manifestar.

El hombre es ya Dios; y siendo consciente de sí mismo, Dios se manifiesta ante sí mismo. Por otro lado, los otros seres, animales, plantas, los inanimados, tal vez sean conscientes de sí mismos, de otro modo que el humano y por lo tanto inaccesible de momento a los humanos; conscientes de sí mismos y del restante mundo; y por consiguiente Dios se manifestaría ante sí mismo en todos y cada uno de lo que para mí son aspectos diferentes de Dios.

Así definido, Dios es de una manera y no de su contraria. Se manifiesta pues a su manera propia, y no de otra, sin que ello implique limitación, sino tan solo naturaleza definida; por consiguiente el hombre necesariamente está determinado; sólo puede ser de una manera, a saber, la propia de Dios manifestado. Este poder ser corresponde a lo que su naturaleza le permite y no quiere decir que el hombre no pueda ser en cuanto a la conducta de otra manera si se lo propone.

En contra de Sartre y los existencialistas, distingamos el ser de la conducta. El hombre sólo es conforme a su naturaleza, previamente dada; pero en lo concerniente a cómo conducirse, él lo escoge, en cuanto que nadie se lo impide, ni siquiera el mismo Dios, porque en Dios no está el coaccionar lo que quiera que sea; el hombre será en cuanto a la conducta, lo que se empeñe en ser; pero dado el caso habrá de pagar un precio, si trata de ir contra su naturaleza, pues ésta no se lo permite, no lo ha querido así. Por esa falta de coacción externa se cree entonces erróneamente libre al hombre; pero no lo es, porque su ser ha sido anticipadamente prefijado. El que nadie le impida oponerse a su condición divina y contrariarla no lo hace libre. El hombre no es libre; porque es Dios, y Dios lo precede y lo define.

No está pues todo permitido.

Dios está sujeto al bien porque Dios es bien por naturaleza y no es mal por lo mismo. Puesto que Dios es lo único que es, ¿cómo concebir un mal que se le enfrente? En términos de Dios no cabe distinguir entre bien y mal, como solemos. Dios es y le basta con el ser para que sea bien.

Sin embargo y ya a escala humana cabe en Dios el mal, no mal con respecto a Dios, sino sólo mal tal como el hombre, interesado en sí, preocupado con la propia felicidad, lo concibe; porque Dios no se limita.

El bien y el mal son conceptos que nacen con el hombre y sólo significan algo con respecto a él. El mal se opone a su naturaleza, en tanto que divina dada como bien; el bien la ayuda.

Así pues erróneamente se cree que mal y bien son anteriores a Dios y que Dios les está subordinado.

Dios es el bien, y para Dios, lo contrario a Dios sería el mal; pero lo contrario a Dios no existe, no puede existir.

Por eso para Dios no existe el mal. Sí existe para el hombre; que muy bien escoge el mal humano sin que venga a fulminarlo ningún rayo divino.

Dios no se limita; pero éso no significa que sea libre a la manera que entendemos los humanos; es decir, que en Él se dé la caprichosa voluntad. Fuera libre si bien y mal lo precedieran y eligiera Dios entre los dos; mas no es el caso. Nos confundimos atribuyendo a Dios una voluntad, un querer al modo humano; en resumen, haciendo de Dios una persona.

Dios no escoge, Dios no quiere; Dios es. Dios es para el hombre bien y mal; pero su ser es el bien.

Dios no es voluntad que se limite; no es algo que diga voy a ser el bien y no voy a ser el mal, que en tal caso se le anticiparan. Si lo fuese, esa voluntad que los hombres le atribuyen fuera calco de lo que los hombres tienen por voluntad, a saber, la decisión de hacer algo y no hacer lo contrario en el momento, la decisión de escoger. Tal voluntad no se da en Dios. Dios es, pero no quiere.

En la opinión común el hombre primero es y luego quiere. La voluntad se da en él cuando ya es. La voluntad es una cualidad, algo así como un vestido.

Sencillamente Dios es y no ha de querer. A nuestra escala, en el plano de lo estrictamente humano, todo sucede sin que necesariamente Dios lo haya querido antes; pues para que suceda basta con que Dios sea.

Por consiguiente ni Dios está sujeto a un bien y un mal que lo precedan, ni quiere el llamado entre los hombres bien, tras excluir lo que llamamos mal.

Dios es, y con eso está ya todo dicho.

Pero éso no significa que ya todo valga; que al hombre le esté todo permitido.

19. DIOS ES LO DADO. EL SER Y EL EXISTIR.

Solamente es Dios, sólo es **éso**; pero **éso** existe bajo sus formas. Las formas existen, pero no son.

Distingo entre los verbos ser y existir. El universo dicho material existe en el tiempo; pero **es** intemporalmente. Dios existe en el tiempo; pero es intemporalmente.

Todo lo existente es Dios en formas diversas. Dios es el todo; el hombre es sólo forma entre otras formas de ese todo; forma de Dios, lo absoluto; el hombre, relativo.

Manifestándose a mí, Dios se manifiesta a sí mismo, pues soy Dios en una de sus múltiples formas.

Se dice: Dios ha dado al hombre su naturaleza. ¿Qué significa?

Puesto que el hombre es Dios en una de sus formas, su naturaleza - aquello que el hombre es en el último trasfondo, su ser en sí - es la de Dios.

No acertaré si digo que Dios ha dado al hombre su naturaleza. Porque con el hecho de vaciarse en una de las formas que adopta, el material informe primigenio no le da naturaleza, no le da el ser-en-sí. De hacerlo, hubiera que presuponer voluntad en Dios.

Mas en Dios es inconcebible la intención: ahora quiero ésto y luego voy a querer lo otro.

Dios es siempre, y en cuanto a Dios no cabe hablar de tiempo; en Dios son impensables cualquier ahora o luego.

Aparte del tiempo, no se quiere. El querer, la voluntad van necesariamente unidos al concepto temporal.

Dios no dio naturaleza al hombre; porque Dios nunca da nada creando algo; Dios nunca da nada a través del acto de crear; Dios simplemente es.

Y si Dios es, el hombre es; puesto que forma de Dios.

Mas el hombre no es; el hombre solamente existe. Lo sabemos contingente, innecesario; sólo ocasionalmente está aquí en cuanto hombre.

El hombre es en cuanto sustancia, puesto que por ser Dios, el hombre es también eterno; pero no es en cuanto forma, ya que ésta es contingente y le cabe suceder o no suceder.

Tal parece.

En cuanto forma, sólo existe.

Pero dado que Dios es y que el hombre es forma de Dios, el hombre también es. En cuanto que Dios, el hombre también es. Mas para que al modo divino le quepa al hombre ser, es preciso que Dios sea sólo él.

De otro modo: Dios no existe además de sus formas; si estoy en lo cierto, aparte de ellas Dios sólo existiría como abstracción, como totalidad generalizadora de sus formas.

Dios sólo existe como sus formas.

Y ésto es aplicable a todo lo demás dado.

Por consiguiente, el que llamamos mundo es eternamente.

No es otro que él.

20. EL DIOS ES LA AUTORIDAD.

¡Me avergüenzo por vosotros! ¡En el dios bíblico, en vuestro Dios, en ése al que vosotros llamáis Dios, habéis extrapolado al padre de familia nuestro! Lo habéis extendido más allá del significado que le corresponde. ¡En vuestro Dios divinizáis la autoridad!

Extendéis al padre; sabéis que nuestra sociedad se ha organizado jerárquica y autoritariamente, y que él desempeña en ella el papel de autoridad; de autoridad mal entendida, de autoridad como vosotros la entendéis; y prolongáis esa función perversa más allá de los límites que le caben.

Digo:

-No existe el dios, Dios tal como vosotros lo entendéis, una persona, un Yahvé, un Jehová cualquiera; pero existe lo trascendente, lo incognoscible, la Divinidad.

Me respondéis:

- Blasfemas.

Me entristezco.

Preferís creer en ese dios vuestro antes que interrogaros acerca de la transcendencia; acerca del verdadero ser de Dios. Razonando os mostráis humanos, os identificáis como hombres. Sin embargo os dejáis creer con fe de carbonero lo que no alcanzaréis con la razón, antes que con ella reflexionar sobre ese dios al que no habéis visto ni veréis estando vivos.

No contestáis. Y sigo diciéndoos:

- Rehusáis aceptar que no exista ese Dios vuestro; equivaliera a renunciar al padre a la manera nuestra, el padre en el papel que nuestra sociedad le asigna; el papel de aquel que manda, el de aquel al que es preciso obedecer.

Para vosotros, Dios es el padre terreno llevado al infinito, el padre nuestro ordinario proyectado en un Cielo mental, el padre autoritario hecho idea. La autoridad, aquel que impone el orden. Teméis que no exista acatada indiscutible autoridad; porque sabéis que los oprimidos hijos, vosotros, yo, queremos rebelarnos, queremos vivir.

Sabéis que los hijos nos rebelaremos porque igualmente sabéis que nos oprime el padre.

Sabéis lo que por fuerza ha de suceder. Y lo teméis.

Por eso os aferráis a lo podrido y muerto.

Os aterra pensar que en libertad también se vive; que los hombres también se relacionan de otro modo que el autoritario de la domi-sumisión. Uno el que domina, otro el sujeto.

Habláis de amor vacíamente.

Si queréis ascender un grado más en la escala de la evolución, un grado más en la escala de lo que intrínsecamente valéis; si queréis subir hasta el amor, si queréis ser más de lo que ahora sois, tendréis que despojaros de la vieja piel, la de las relaciones de domi-sumisión, el orden jerárquico.

Ahora todos sois el alemán de Nietzsche:

Los alemanes piensan que aquel que vale lo demuestra ante los otros mostrando también que domina a los demás; mostrándose cruel; y fervorosos y admirados se someten a esos cueles a los que equivocadamente tienen por fuertes porque oprimen a otros. De pronto caen en la cuenta de que por desdicha se han confundido, y aterrorizados sufren entonces devotamente. No creen fácilmente que los bondadosos y los tranquilos también valen.

21. DIOS JUEGA CONSIGO.

En los laboratorios, los hombres de la Ciencia tratan de reproducir las condiciones en las que se produjo el Big Bang original o Gran Explosión con la que supuestamente comenzó el universo tal como hoy lo conocemos.

No temen que haciendo colidir a velocidades próximas a la de la luz núcleos de pesado oro e intentando repetir el estado en que se hallaba la actual materia en aquel microsegundo primordial, el experimento se les vaya de las manos, sus efectos se comuniquen al resto del mundo, empezando por ellos mismos, los propios experimentadores, y hagan acabar en cósmica catástrofe la gran explosión en miniatura.

Pudiera suceder.

Juegan con Dios. Igual que los niños, inconscientemente.

Vaya blasfemia, que el hombre, ser innecesario, originado y miserable frente al todo, juegue con Dios. Le haga cosquillas, como el ratón al gato.

Si el hombre y Dios no existen como contrarios enfrentados; si el hombre es Dios, no blasfemo.

El hombre es forma de Dios; y por ello no blasfema nunca. En última instancia, en el acto más descabellado del hombre, se manifestará tan sólo la actividad intrínseca divina.

Tal vez Dios no exista más que en sus formas; y de tal modo Dios necesite al hombre - o en su defecto árboles, piedras, hierbas y animales - para ser; para existir temporalmente.

Dios existe tomando forma. No existe en abstracto. Sólo existiendo como alguna cosa, Dios es.

Dios es juguetón; Dios juega consigo mismo.

Dios es en sí mismo acción.

A no ser que lo que nosotros tenemos por acción, es decir, la transformación y el cambio, sea en realidad inmovilidad y permanencia a lo divino. Que lo que para nosotros es acción, sea persistencia en el ser. Que la acción sea Dios siendo, Dios en cuanto es.

Dios actúa y sólo es mientras actúa.

Dios es ante nosotros pura acción.

Pero no acción derivada de un propósito o intención; sino acción en sí, sin que signifique transformación o cambio.

Dios es el eterno adolescente, energía por sí misma, sin condición ni norma.

Por eso Dios juega consigo, y no resultara extraño ni tampoco escandalizara que los contingentes hombres reprodujeran jugando la Gran Explosión y con ello hicieran retroceder el mundo hasta el caos original.

¿Qué importaría?

Todo volvería a ser de nuevo.

Pues Dios no va a ninguna parte; es siempre, y con eso le basta; no se apresura en llegar a ningún lado.

Dios no va a ninguna parte; simplemente es.

22. DIOS.

Llamando Dios al verdadero Dios, a **éso**, lo distingo de Yahvé, el dios bíblico, dios problemático.

Dios es el universo.

A nuestra atención, el universo es plural en cuanto a sus formas; pero uno en cuanto a la sustancia.

Dios es sustancia única en múltiples formas.

¿Existe la sustancia independientemente de sus formas? ¿Existe en potencia la sustancia, igual que existe en acto?

Si así fuera, existirían como si dijéramos dos partes de lo existente; a un lado, Dios en cuanto sustancia en potencia; al otro, Dios en cuanto sustancia realizada, sustancia en el acto de sus formas.

Repugna tal idea; y por ello concibiéndola nos sentimos insistentemente retraídos a considerar la sustancia en potencia como forma más, extraordinaria, de las formas.

Pongo por caso el caballo. En él, Dios existe como forma ordenada; y la sustancia de que está hecho, sustancia común a todo lo existente, es forma también, mas desordenada.

El hombre, el perro, el árbol y la roca, todos están hechos de la misma sustancia. Del uno al otro varía únicamente la manera en que se ordena la sustancia.

En el momento cero, en el instante que precedió al Big Bang, la Gran Explosión de que supuestamente ha brotado el mundo, la sustancia del mundo existía íntegramente, pero en estado nada ordenado a la manera cósmica. Existía algo que es eternamente, pero aún no se había cristalizado, ordenado, en las formas conocidas.

Vale lo dicho siempre que supongamos que Dios empieza a existir ordenadamente con nuestro universo; lo que es suponer gratuitamente; porque muy bien cabe que Dios haya existido, antes del tiempo nuestro, en formas ordenadas otras que las conocidas. Cabe que antes del nuestro hayan existido otros universos. Cabe que aún existan paralelos a él. Y siempre que extendamos el concepto de universo para que abarque formas de existencia nada parecidas a las que conocemos.

Es bien plausible y lo más lógico: que Dios haya existido siempre ordenadamente; y puesto que al parecer nuestro universo ha comenzado en el tiempo, que haya existido Dios bajo la forma de otros universos.

De todas formas, valga decir que el sustrato común a todos los seres de aquí, es esa forma eterna no ordenada.

La llamaré sustancia; algo concreto, realmente existente, y no concepto abstracto.

Es sustrato de todo, mas como realidad, no como idea; no como pensamiento o abstracción.

Todo lo que existe cambia, en cuanto cambia como ordenación; mas no cambia aquel sustrato previo aún sin ordenar.

En tal sentido, Dios es eterno ser inmóvil; y al mismo tiempo, en el mundo, incesantemente cambiante.

Cambian las formas ordenadas de Dios, sus formas cósmicas; pero no cambia su forma no ordenada. En tal sentido, existe como potencia y como acto.

La forma divina no ordenada es la por otros llamada Dios en potencia.

Se admite por forma ordenada lo conocido o cognoscible en cuanto forma; por forma no ordenada lo incognoscible en sí.

Dios en formas ordenadas; Dios en forma no ordenada; no dos seres: uno sólo.

El hombre es forma ordenada de Dios; y el hombre es ser consciente; en él Dios es ser consciente; consciente a la manera nuestra reflexiva.

El hombre es Dios; para él se dan el bien y el mal; en cuanto hombre, para Dios se dan el bien y el mal.

Si el hombre quiere el bien y aborrece el mal, en cuanto hombre Dios aborrece y quiere.

Si el hombre aspira a un más allá de él, Dios aspira en el hombre a un más allá de sí mismo en cuanto hombre.

El hombre, Dios en cuanto hombre, se transforma, cambia. Cambio y transformación infinitos.

Retorno eterno; porque Dios es siempre aquello que es.

23. NO ESTAMOS CONDENADOS A SER LIBRES

En contra de Sartre, no estamos condenados a ser libres.

Queremos, los humanos, liberarnos; nosotros, los humanos de nuestra cultura, queremos con ansia tal que nos caracteriza, vivir libremente; y para conseguirlo no hemos vacilado en matar, no sólo al dios Yahvé, al dios de la Biblia; sino también al Dios divinidad, a la transcendencia; porque en nuestra cultura, nos oprimen y siempre nos han oprimido insoportablemente con autoridad despótica los reyes absolutos y sus equivalentes aquí en la tierra, y no menos despóticamente los mismos proyectados allá en el cielo.

Nos hemos levantado contra los déspotas; nos hemos librado de Yahvé; pero ¿a qué viene querer acabar también con Dios, con la Divinidad, con la trascendencia?

Deseamos desmesuradamente vivir en libertad porque en la familia a la manera nuestra, la familia autoritaria, el padre nos oprime; y sanamente, en sus justos límites, queremos liberarnos de esa política opresión.

Tal deseo no nos lleva necesariamente a querer liberarnos de lo que en tanto que seres humanos nos condiciona y nos limita; a querer liberarnos de la ley moral, no sólo dada por Moisés o cualquier otro Caudillo, sino también impresa en nuestros genes.

La ley moral existe desde siempre como ley natural. Despreciándola, negando que exista, clamando contra ella, se yerra. Se confunde, quien sabe si intencionadamente, esa ley, fundamentalmente racional, con la otra, que abusivamente se quiso única moral, dictada por clérigos y déspotas.

Luchando legítimamente contra clérigos despóticos, no queramos hacer tabula rasa de toda ley moral.

Tiene sentido pues hablar de ley moral, hablar de respetarla. No lo tiene clamar al cielo aberración tan pronto se menciona la moral.

No a la moral clerical; sí a la natural.

No hagamos de la libertad fetiche, ni llevemos al hombre a desesperarse declarándolo moderna y laicamente carente de moral, de ordenación, de nada que lo oriente.

Instémoslo más bien a que reconozca la moral, a que la redescubra, la orientación que ha portado siempre consigo.

No oprimamos al hombre ni lo aturdamos gritándole que es libre sin remedio y que carece absolutamente de alguien que le diga lo que ha de hacer; por lo cual se ve obligado en cada momento a sacarlo voluntaria y arbitrariamente de la nada.

Ayudémoslo más bien honradamente a descubrir la luz dentro de sí.

24. EL MITO DE LA CREACIÓN.

"La Historia empezó en Sumer..."

Siempre he anhelado saber qué ha sucedido desde que hace unos 70 millones de años apareció, semejante a la actual tupaya, musaraña arborícola como si dijéramos, el primer primate que andando el tiempo sería bisabuelo de los hominoides y de los homínidos con ellos.

El caso es que tras el australopitecus, el homo habilis, el homo erectus y el homo sapiens, allá por el jardín edénico aparecen los sumerios, y con ellos la curiosa historia del origen del mundo.

Para ellos la Tierra era un disco plano que flotaba sobre el agua dulce (la de sus ríos, Eufrates y Tigris, que empantanaba las tierras circundantes, y la de las actuales capas freáticas) y al que rodeaba un gran mar (el que desde las cercanas costas del golfo Pérsico se veía) cerrado dentro de un anillo de montañas (las que en el horizonte por el lado opuesto al del océano también se veía). Una gran esfera contenía el conjunto; su mitad superior era el cielo, a la manera de una bóveda metálica en la que se movían los astros, mientras que la mitad inferior, oscura y desconocida, era el mundo de los infiernos; palabra que entonces significaba sólo región oscura, desconocida y profunda; nadie padecía en ella. La esfera estaba inmersa en un mar primordial semejante a un caos infinito o ilimitado.

Sensatos, aquellos sumerios. No inventaban; se limitaban a explicar lo que veían, tras adornarlo un poco; que por naturaleza todos los humanos sentimos estéticamente.

Ellos y yo coincidimos; sin contacto, al menos inmediato, entre nosotros, su razón y la mía nos han llevado al mismo punto.

En efecto, los humanos concebimos como ordenadas ciertas cosas; como desordenadas, otras; para mí Dios es ese material no ordenado primordial que ordenándose ha dado lugar a las formas del mundo.

Los hombres de la Ciencia física quieren saber qué había en el momento del Big Bang, la Gran Explosión, el disparo de salida.

Había la sustancia primordial del universo, eterna, desconocida, incognoscible; Dios, de quien todo procede. Pues antes que nada Dios es el misterio que subyace a todo.

El mar primordial, caos infinito, de que hablaron los sumerios. Del cual salieron las formas ordenadas, esa totalidad esférica suya equivalente al universo nuestro.

Me satisface que con sola la razón ellos y yo hayamos explicado plausiblemente el mundo y Dios.

No hemos necesitado que Dios se nos revelase tal como se reveló supuestamente a los judíos. Por sí solo, el hombre es capaz de llegar a conocer que existe Dios.

Y si el hombre, con su sola razón, con su conciencia de las cosas característica, conoce a Dios, él mismo es Dios, sólo le cabe ser Dios.

25. RESUMEN

Es así que hay algo.

Imposible que de la nada salga algo.

Por lo tanto nunca se ha dado la absoluta inexistencia, la absoluta ausencia; y siempre ha habido algo.

A ese algo que siempre ha existido llamo Dios.   Lo que no fuera Dios, lo no Dios, se le opusiera.

Inconcebible algo que se opone a Dios, lo no-Dios; nada se le opone, nada le disputa nada.

No cabe exista lo no-Dios, algo que no sea Dios.

Inconcebible es que Dios creara lo no Dios.

Dios es lo único existente.

Existe el mundo.

El mundo es Dios.

O Dios es consciente, conoce, o no lo es, no conoce.

Si no conoce, no sabrá anticipadamente lo que sucederá.

Suceden cosas.

Si suceden sin que Dios lo sepa, si suceden al acaso, algo supera a Dios, el acaso.

El acaso dominará a Dios.

Siendo Dios el principio de todo, no cabe que nada lo domine.

No hay acaso.

Dios sabe anticipadamente qué va a suceder.

Dios es lo único que hay.

Lo que va a suceder es él.

Por fuerza Dios es ser cognoscente.

El mundo/Dios es cognoscente.

Dios es lo único que hay y el origen cognoscente de todo lo que sucede.

Dios es ilimitado y libre y todo depende de él.

Por lo tanto Dios tiene un plano, un esquema, una finalidad. Lo ha dispuesto todo de una forma. Esa forma es él mismo.

La esencia de Dios es la existencia.

Todo lo que existe se ajusta a plan, la esencia divina.

Yo existo como algo que tiene conciencia de algo. A ese tener conciencia de algo lo llamo ser. Algo es. Soy.

Dios es.

Dios es. Sólo es Dios. Dios es conocimiento. Dios es plan.

26. DIOS SE AJUSTA A UN PLAN

Una de dos: o Dios sabe lo que él mismo es, sabe acerca de sí, tiene conciencia de sí y sabe lo que hace

o es ciego acaso, ignora lo que de un momento a otro va a suceder, en este momento no sabe qué va a suceder en el siguiente, lo que sucede el próximo momento lo coge por sorpresa.

En el primer caso, inconcebible es Dios consciente de sí mismo a la manera humana, Dios que se mira objetivamente, Dios desdoblado en uno que mira y otro que es mirado. ¿Quién fuera propiamente Dios? ¿El que mira o el mirado?

Aunque ésto no parece del todo imposible.

Dios ¿sabe lo que hace? Difícil imaginarlo.

Dios no hace; hacer es realizar lo que antes no era y ahora viene a ser; el hacer presupone el tiempo; y para Dios todo es presente eterno, todo está ya hecho.

Dios solamente es; y con el ser se abarca todo.

El tiempo es magnitud que el hombre ha ideado para los fines de la Física. Lo único real es la sensación humana de causa y efecto, de antes y después.

Los materialistas extremos prefieren la opción del acaso ciego; para ellos, la materia equivale a Dios; sólo existe la materia; la materia se transforma casualmente. El mundo es el único Dios y existió siempre, ahora en forma de materia, antes tal vez en forma de energía. Es Dios por eterno; pero cambia de apariencia al acaso; nadie hay que sepa de un momento a otro qué va a suceder.

El mundo material empezó una vez; pero un instante antes, en el milisegundo precedente, lo entonces existente no sabía que el mundo estaba a punto de empezar; apareciendo, el mundo lo cogió por total sorpresa.

De igual manera, para los materialistas puros la evolución ocurre irracionalmente, en el sentido de que no está prevista y sucede al más puro acaso.

De acuerdo con ellos, Dios no sabe en qué todo esto irá a dar; no sabe qué pasará con lo que hay cuando el sol se apague, no sabe por qué existe el hombre, ni lo que vendrá después de él; y se admite que la existencia del hombre es imprevista y casual.

Hasta aquí el materialismo llevado al extremo.

Pero si Dios, lo siempre existente, lo ahora materia y antes energía, es inconsciente de sus transformaciones, ese acaso que las rige lo supera. Y si un acaso lo supera, Dios no es ya Dios; hay algo más fuerte que él; Dios depende del acaso.

Inconcebible que Dios, origen de todo, dependa de algo.

Imposible un Dios ciego e inconsciente de sí.

El razonamiento todo se basa en la premisa de que razonando se alcanza la verdad. Pues la razón me dice imposible un Dios dependiente del acaso. Si así juzgándolo yerra la razón, no cabe discutir; razonando no se descubrirá cosa que sea; la lógica racional es falible.

Creo en la razón.

Dios, para serlo, ha de ser consciente de sí. Ha de saber por anticipado qué es él; ha de tener presente eternamente la totalidad de lo que para mí es temporal.

Si todo, pasado y porvenir, está eternamente presente a Dios, lo que es se ajusta a un plan; la existencia de todo lo que hay es explicable. No que Dios razone y diga al hombre: sucede ésto porque me he propuesto suceda. No; para Dios no existe el tiempo; por consiguiente no tiene sentido decir que Dios se propone algo; pues en ese caso habrá con respecto a Dios algo por venir; lo cual queda excluido; para Dios, todo está presente.

Al decir entonces que para Dios existe un plan, una explicación, quiero decir que al ser Dios presente eterno, todo lo que es lo es también, todo está dado de antemano, todo es esencia divina. La esencia misma de Dios, su ser, es el plan de Dios, que el hombre interpreta como secuencia de acontecimientos intencionados hacia alguna meta.

Dios es; y al ser, todo queda resuelto y explicado y ajustado a un plan y propósito.

Basta con que Dios sea.

Existe el mundo, existe el universo y las galaxias, existe el hombre hoy y el dinosaurio antes, se acabará el sol y los planetas: todo está previsto porque esas ocurrencias son la esencia de Dios.

Hasta aquí, todo está claro; pero suscita difíciles problemas. Problemas en términos humanos, claro está; porque molesta al hombre no entender. El hombre no acaba de aceptar que algo lo supere; no quiere verse secundario, dependiente. Quiere ser dios, dios en el sentido de aquel que domina todo lo demás. El hombre no se siente cómodo con sus limitaciones. No quiere aceptarlas.

Al menos el hombre entre nosotros, el hombre occidental.

Y sin embargo, obviamente el hombre es producto, no es origen. Ha recibido el ser, no lo tiene por derecho propio.

El primer problema que atormenta al hombre es el problema del mal. Si todo por esencia divina está previsto eternamente, tanto es esencia divina que exista quien tortura como aquel a quien se tortura; que alguien torture como que alguien condene el que lo haga. ¿Por qué pues nos desconsuela tanto esa verdad? ¿Por qué nos turba tanto el mal del mundo?

¡Cuesta admitir un Dios indiferente al hecho de que unos hombres torturen a los otros! ¡Un Dios que a un tiempo tortura y es torturado! Y puesto que lo que es, es, sólo es, no cabe explicación. Jamás nada justificará el mal y sufrimiento en el mundo.

El hombre es moral; Dios no lo es.

27. DIOS ACTÚA POR MEDIO DE MI

Puesto que soy forma de Dios, manifestación de Dios, Dios se manifiesta a través de mí.

No existe un Dios separado del mundo, aparte de él. El mundo es Dios. Dios es el mundo.

Todo pues lo que sucede en el mundo es Dios que se manifiesta. Cuando un árbol muere, es Dios que muere en él. Cuando una avalancha en la montaña, es Dios que se desploma. Cuando un hombre hace, Dios hace.

Hasta aquí me conduce la lógica, aceptablemente.

Pero si sigo razonando, difícilmente admito ya lo que concluyo. Pues si lo que Hitler hace, Dios lo hace, y lo que la madre Teresa hace, o Francisco de Asís, Dios lo hace, ¿cómo hermanaré los actos al parecer opuestos?

Y sin embargo no cabe que aceptarlo.

¿Aceptaré, siendo judío, que es Dios quien me conduce al crematorio? ¿Aceptaré, siendo proscripto, que es Dios el comisario que me tortura?

Todos son actos de Dios. Equivalentes todos. A los ojos de Dios, no hay diferencia. Pues Dios no escoge. Dios no toma partido.

Sin embargo, yo como hombre, tengo que tomar partido. Tengo que defender el bien y hacerlo, oponerme al mal y combatirlo.

Pues gasear a los judíos es mal, por muy solamente humano que ese mal sea. Torturar a un hombre es mal, por mucho que lo sea sólo humanamente.

En cuanto al bien y el mal, tengo que prescindir de Dios. Yo, en cuanto hombre, tengo que responsabilizarme de mi elegir a favor del bien y en contra del mal. Tengo que definirlos y escoger.

Tal vez Dios como idea, Dios antes de tomar la forma de hombre, no sea bueno ni malo y sólo sea malo o bueno en cuanto hombre. Pues Dios no existe si no es manifestándose.

En el hombre y sólo en él, Dios se manifiesta ser moral.

Dios es amoral como abstracción. Dios es ser moral en cuanto ser manifestado.

28. DE LA AMORALIDAD DE DIOS

Muchos de los supuestamente modernos ilustrados dicen: Dios es amoral; y se sienten complacidos. Se sienten satisfechos y triunfantes. Los complace la supuesta amoralidad de Dios, y la dan por sentada como lo más obvio del mundo. No les duele. En apoyo de su prejuicio, de buena gana citan a Goethe con su Fausto; a Nietzsche con su nihilismo; a Hegel, a Marx y a todos los otros con sus particulares contribuciones al respecto.

Les complace un Dios amoral y se apresuran a justificar con Él la propia querida amoralidad.

Me sorprende que gente ilustrada, que supuestamente avanza a la cabeza del progreso, en el pensar y en el conocimiento de la verdad, acepte tan fácilmente cosa tan dolorosa y que bien examinada es prejuicio.

Aparentemente hablan con frivolidad de algo en lo que no han pensado a fondo. No saben bien qué dicen diciendo amoral a Dios.

Dicen, tan sólo, que Dios no toma partido cuando los humanos disputan entre ellos. Que Dios no ve las cosas a la manera humana. Que Dios no valora humanamente.

Esos sabios engañosos ven que la mantis hembra devora al macho y de ahí infieren que la Naturaleza - que así en mayúsculas equivale a su Dios - es amoral. Cuando de ahí se infiere únicamente que en la inexhausta variedad de lo existente un ser vivo se come al otro de su misma especie.

No tiene por qué ser de otra manera.

Ufanándose sin motivo, aquellos que éso ven, lo dan por malo. A un fenómeno natural aplican el código humano de valores.

Mas éso no significa que Dios sea amoral. Significa tan sólo que Dios no comparte los valores de los hombres.

Dios es anterior a la moral. Los hombres la han inventado. Y yerra quien exige de Dios se ajuste a una visión propia del hombre.

No por independer del hombre Dios es amoral. Dios tiene sus leyes. Haciendo el mundo hizo también las leyes a que éste se ajusta. Imposible separar el mundo de las leyes del mundo. Decir mundo es decir algo con leyes. Y esas leyes connaturales con el mundo son la moral de Dios.

Soberbios, no digamos inmoral a Dios. No le impongamos humanos valores. Antes hagamos nuestra la moral de Dios.

De ese modo veremos como Dios se comporta moralmente.

Dios no es amoral. Ciertos hombres disputan a Dios la primacía. Quieren aleccionar a Dios. Le riñen, como padre enfadado o niño mohíno. ¡Mira! ¡No tomas partido por lo que yo llamo bien! ¡Eres algo rarillo!

No cabe que aceptar a Dios tal como es. No cabe que dejarlo ser a su manera, sin tratar de forzarlo a que sea conforme a nuestro capricho o necesidades.

29. ¿POR QUÉ ESTAMOS AQUí? ¿POR QUÉ EXISTIMOS?

Los cristianos dicen: estamos aquí porque Dios nos ha creado; y nos ha creado para que después de obedecerle mientras vivos, cantando lo glorifiquemos cuando muertos. Dios nos ha creado para honrarse y glorificarse.

Lo dicen los cristianos a quienes don Marcelino Menéndez y Pelayo no hubiera condenado; los cristianos ortodoxos; los cristianos que toman sin ponerlo en cuestión lo que supuestamente han dicho quienes los precedieron; los cristianos conservadores; porque los otros, los menos apegados a la tradición, los tantos como hubo que concebían a Dios mucho más sensata y elaboradamente que éstos, hace tiempo que desprecian tales sencilleces. Pero se los hizo callar, y la Iglesia los pasó por alto, cuando no mandó que los mataran.

¡Vaya furor, ése divino! ¡Que Dios ansíe disponer de alguien que lo alabe! ¡Hasta el punto de condenarlo a fuego eterno si remolonea en la tarea! Tales cosas deseando, queda Dios en mal lugar.

Si somos temporales y Dios nos ha creado en un momento dado de su eternidad, ¿quién lo glorificaba antes de que nosotros existiéramos? ¿Lo honraban otros y somos una más de muchas creaciones transitorias? ¿O antes de nosotros no sentía Dios el prurito de que alguien lo honrase y vivía solo tan contento?

Razonando de ese modo no se va a ninguna parte. Dejemoslo.

Parece pues poco plausible que estemos aquí con esos fines que dicen los cristianos mencionados.

Desde dos puntos de vista cabe contestar a lo que antes he apuntado: el primero enfatiza el aspecto concreto del ser humano; el segundo, su aspecto trascendental.

Tópico es ya el preguntar: ¿adónde vamos? ¿de dónde venimos? Y se pregunta equivocadamente porque haciéndolo se supone excepcional al ser humano. La idea de que con el ser humano culmina algo, de que el ser humano es producto acabado, superior a cualquier otro existente, es idea del todo caprichosa. Como lo es la de que al ser humano se le ha fijado una meta superior, excepcional; que está llamado a un fin glorioso.

Son ideas fantásticas. Viendo la vida a la manera nuestra occidental judío-greco-romana, viéndonos como nos vemos, pecamos de soberbios. Tal vez los sumerios, y los indoeuropeos, y los dorios, eran gente soberbia y rehusaron verse como eran: especie biológica descendiente - con los monos actuales - de antepasados comunes y remotos; especie biológica equiparable a cualquier otra, incluso al dinosaurio, si se lo prefiere.

Somos especie biológica; y nada más. Nuestro ser, nuestra finalidad, es nacer, crecer, reproducirnos y morir. Como los otros animales; como las plantas; como todo: nuestro ser fundamental.

En cuanto seres concretos, producto del propósito de Dios, ser superior origen de todo, somos una especie más de la biología. Y nuestro fin es el mismo que el de todas ellas, lo antes dicho, nacer, crecer, reproducirnos y morir.

He ahí lo fundamental de nuestras vidas. Lo demás es pura soberbia sociológica. Seres humanos hay y ha habido que se sienten parte de la naturaleza y en armonía con ella viven. No son algo extra y aparte de la naturaleza; son naturaleza; y no se tienen a causa de ello por deshonrados.

Es verdad que en el camino del Big-Bang hacia el Big-Crunch, camino de millones de milenios, ha habido primero magma incandescente, luego el <u>homo sapiens</u>, luego ¿qué?. Pero eso no significa que se progrese, que se marche de lo inferior a lo superior: sólo se cambia. Y ciertamente no sabemos qué habrá dentro de otros quince o veinte mil millones de años, cuando el sol se enfríe y se convierta en gigante roja o en agujero negro. Desde luego el ser humano actual, olvidado hace muchísimo tiempo, no tendrá entonces papel ninguno en lo que haya. ¿A qué hablar pues de un destino privilegiado de la raza humana?

Nada sabemos ni sabremos nunca de los planes de Dios. Existen esos planes, pues Dios existe conscientemente y se ajusta a un plan, a un proyecto. Es decir, Dios es el único que sabe el porqué de todo esto. Pero no nos ha escogido como clave de nada.

Inútil pues atormentarnos con la culpa, con el pecado de no haber hecho lo que Dios nos había encomendado; si por hacerlo se entiende cumplir los Mandamientos; o mandamientos cualesquiera.

Sólo nos toca transmitir la vida. El para qué de transmitirla no nos incumbe; es cosa de Dios.

Nada pues de perfección moral. Nada de que Teresa de Jesús, o el mismo Jesús de Nazaret, o incluso el Buda, hayan acertado más que otro en descifrar el plan divino; y que debamos imitarlos.

Ese camino de perfección fue vanagloria, soberbia de los eclesiásticos cristianos, pura fantasía y despropósito. Si es que no ha sido herramienta de dominación. Tengo yo a Jesús de Nazaret por otro profeta, uno más de los judíos, un hombre de su tiempo. También fue de su tiempo y lugar el Buda. Y tantos de pareja categoría que se le añadieran.

Incluso se dijera, desde el punto de vista que he apuntado, que condenando la actividad sexual - si la condenaron ellos, Jesús o el

Buda, como supuestamente han pretendido hacernos creer por un lado Pablo de Tarso, por el otro quién sabe qué particular discípulo - han sido inferiores a los simples mortales que humildemente se limitaron a procrear y transmitir la vida. Ellos, los perfectos, faltaron a su único cierto destino biológico.

Todo nuestro vivir de civilizados occidentales y cristianos ha girado en torno a ensueños tales como el realizarse personalmente, el conseguir que el mundo nos reconociera, el subir a los altares santificándonos, el ganar el cielo y no caer en el infierno, el perfeccionarse moralmente. Y todo no fue más que mentira.

La perfección cristiana es sueño humano; nada tiene que ver con Dios. Tratar de perfeccionarse de ese modo sólo significa algo en el contexto de lo humano. Para el hombre significa algo el distinguir el bien del mal; mas no para Dios.

Dios no hace juicios de valor. El hombre, sí; y con razón.

30. SE CONTINÚA LO ANTERIOR

Desde el segundo punto de vista, respondo apoyándome en la identidad de Dios con lo dicho creado.

Dejadme que resuma lo ya escrito.

Imposible que Dios creara lo no-Dios; porque creando lo no-Dios, hubiera creado lo ajeno a Él, que por ello le sería contrincante, se le enfrentara, se le opusiera, le fuera lo otro, lo nunca cognoscible. Imposible que Dios creara lo para él incognoscible. Sólo existe Dios, y todo lo que para el hombre existe, él incluido, es Dios.

Existe sólo Dios. Todo lo que hay es Dios.

En tal caso, carece de sentido hablar de la finalidad del hombre. El hombre, y con él todas las demás cosas dichas creadas, son sólo formas de Dios. Y no cabe hablar de la finalidad de Dios; del porqué existe Dios.

Por ahí, nada que hacer.

Si cabe preguntarse por qué Dios adopta múltiples formas, ni lo sabemos ni lo sabremos nunca; puesto que lo conocido no abarca a lo cognoscente; el contenido al continente.

Ante Dios sólo cabe el silencio.

Si el hombre es Dios, su finalidad es la misma finalidad de Dios, a saber: ser.

Dios es y ahí se acaba todo. Dios es siendo sus formas. El hombre existe como forma de Dios y no hay para él otro objetivo que ser Dios. Inconcebible que Dios quiera ser ingeniero de Caminos. O quiera realizarse desarrollando todas sus capacidades como ser humano.

Dios no quiere; en Él no cabe hablar de voluntad, puesto que siendo eternamente, para Él todo está eternamente presente. Dios no aspira a nada. Nada le falta; fuera de Él, nada se concibe; por consiguiente nada quiere que no sea ya.

Está bien. Siendo Dios y no teniendo ya que ser ninguna otra cosa, el hombre puede tomar como juego su existir aquí en la Tierra, su existencia en cuanto hombre; y aplicarse a ser bailarín, electricista o carbonero. Sin perder de vista, que es socialmente sólo en el tiempo; que mientras dura su existencia en cuanto hombre, puede ser socialmente cualquier cosa que mejor le cuadre; como un juego.

Absurdo, que el hombre trate de ser socialmente lo que supone espera Dios de él. Dios no espera nada de él. Sea lo que sea en el mundo el hombre, esencialmente no será nunca otra cosa que Dios en cuanto hombre.

¡Ay, amigos! Aquí de nuevo no entendemos que en el mundo pueda darse el mal. ¿Cómo es posible que Dios en cuanto hombre atormente a otros hombres? ¿Cómo es posible que unos hombres torturen a otros, sean sus verdugos?

Emplea equivocadamente los términos aquel que dice que amoral Dios, le está permitido el mostrarse cruel.

Dios en cuanto Dios no está sujeto a ley; pero sí lo está en cuanto hombre. En cuanto hombre, Dios está llamado a conducirse moralmente, a aborrecer el mal. Porque en términos humanos el mal existe; aunque no exista en términos divinos.

No lo entendemos porque atribuimos caprichosamente a Dios el modo de pensar humano. Dios no piensa a la manera humana. Para Dios no existe el tiempo, el antes y el después. No existen para Dios pasado, presente y futuro. Puesto que origen de todo, para Dios está todo eternamente presente. Por consiguiente no tiene sentido hablar de finalidad. Para Dios el hombre no se encamina hacia ninguna meta; porque lo que el hombre es, ha sido y será, está ya presente, desde siempre, a Dios. Ante Dios están presentes simultánea y eternamente lo que para el hombre son etapas de la evolución. Sólo existe Dios inmóvil. Dios es ya lo que será. Vivimos ya en la eternidad. Para nosotros tiene sentido hablar del tiempo porque nosotros lo hemos inventado; y lo hemos inventado a partir de la experiencia de causa y efecto. Hemos visto que para nosotros, limitados, los efectos siguen a las causas. Mas para Dios no hay causas ni efectos; puesto que todo simultáneamente presente. Para Dios no existe el tiempo.

Erróneamente se dice a Dios causa de todo. Dios no es causa. Si sólo existe Dios y sólo presente eternamente, no hay causa ni efecto. El hombre es Dios eternamente. Cambiante para el ser humano, el mundo, en todas sus formas y cambios aparentes, es siempre una cosa sola invariable, es Dios.

Ante mí hoy Dios se manifiesta como ser humano. Hace 65 millones de años terrestres se manifestaba como dinosaurio. Dentro de otros cien millones se manifestará como otra cosa. No tiene pues sentido hablar de ningún destino humano. La Divinidad se habrá manifestado transitoriamente en el hombre. Tampoco pensamos que las rocas tengan un destino. O los planetas. Que son y están ahí para algún fin.

Con certeza se dirá sólo que algo es. La única realidad es el ser.

El hombre es animal. Su destino temporal es su función. Ejercer sus capacidades.

31. DE LA FORMA Y DE LA SUBSTANCIA

Existe solamente Dios. Dios es todo lo que hay. Dios es eterno. Todo lo que hay es eterno.

Todo lo que existe, existe eternamente en cuanto sustancia; pero no en cuanto forma. Cambian las formas; cambian las formas que Dios toma. Cambian esas formas ante mis ojos, el cambio sólo ocurre referido a mí; para mí existe el cambio; pero a los ojos de Dios no existe el cambio.

No es problema, el que enfrenta irreconciliablemente el cambio y la eternidad. El mundo es eterno, en cuanto sustancia; e inmutable en cuanto ella; pero sus formas cambian; sus formas en tanto que soy yo el observador que las contempla.

Gusto del ejemplo del río Amazonas. Se dice que este río nace en las selvas del Perú, tiene su curso medio por Manaos y muere en Belém do Pará. Mas para un observador que desde la estratosfera lo contemplara, el río estaría al mismo tiempo naciendo, siendo maduro y muriendo en el mar. Temporales para mí, la tres aparentes etapas fueran para él simultáneas.

Fácilmente se aplica el ejemplo al ser humano. Y al mundo todo, al universo. Lo que para mí, ser humano, sucede temporalmente, para Dios ocurre simultáneamente.

Para Dios todo está presente eternamente.

32. ACERCA DEL VACIO

Diciendo que el universo y el vacío formaban la totalidad, he distinguido en ella dos partes. También dije que Dios era el universo. Pero la cosa se presta a confusión.

De nuevo me he mostrado dualista, he dividido en dos el todo.

Si existen lado a lado Dios/universo y vacío, siendo este vacío lo no Dios/no universo, de nuevo tenemos a Dios y a lo no/Dios, es decir, dos cosas; con lo que restamos importancia a Dios. Frente a Él ponemos algo que no es Él.

Mas sólo existe Dios. Imposible exista otro que Dios; puesto que origen Él de todo.

No existe pues el tal vacío; no acaba el universo. No existe un hueco que aloje al universo.

No hay un más allá del universo. Dios es el universo y Dios lo llena todo, es lo único que hay.

La oscuridad proviene de los términos empleados. Nos confundimos porque pensamos en términos de espacio; en términos de algo que empieza aquí y acaba ahí.

El hombre representa el mundo espacialmente. En él, para el hombre tiene sentido hablar de lleno y de vacío, de espacio ocupado y de espacio desocupado. Para el hombre tiene sentido decir que el universo es finito. Porque el hombre piensa en términos de espacio ocupado por la materia, dos cosas diferentes.

Mas siendo Dios el universo, sólo hay Dios, no hay más que Él.

El universo es infinito, en el sentido de que no termina nunca puesto que nada hay más allá de él. Mas sigue siendo finito en cuanto al dominio de las matemáticas y a los conceptos humanos de espacio y tiempo. Y tomando por universo lo que hasta aquí ha venido abarcando la Física, los cuerpos materiales. Mas el universo no tiene por qué ser sólo éso.

También ya no hay el problema de la finitud e infinitud de Dios.

Para hablar de Dios hay que situarse fuera del plano humano; hay que percibir que el lenguaje humano se acomoda al ser humano; de que las categorías humanas son sólo éso, categorías humanas. Y que al hablar de Dios hay que cambiar de referencia.

33. A VUELTAS CON EL MAL

Sigue en pie el problema del mal.

¡Difícilmente se reconcilia con el ser de Dios, los humanos padecimientos.

Dios no es moral.

Me hallo aquí, a solas, a la espera del morir, inavisado él, completamente sin sentido yo. Al parecer sin sentido inmediato y evidente. Sólo me cabe pensar que formo naturalmente parte del plan divino a largo plazo. Pero no siento que Dios me ampare ahora, en este momento, que me ampare especialmente. No siento que me tenga, a mí, destinado especialmente a nada; que a sus ojos signifíco especialmente algo. Imposible atribuirme, a mi yo concreto, a este yo que aquí y ahora existe en el mundo, cualquier tipo de trascendencia. Atribuírsela a este yo concreto, sociológico. No me refiero a la trascendencia en cuanto a mi yo específico.

Se suele decir en la literatura llamada sagrada: Dios tenía destinado a tal o cual para tal fin glorioso, etc.

No; siento que Dios toma la forma humana o cualquier forma, con un fin, sí, pero desconocido. Y que nos ha hecho así como especie, no como individuos. Como individuos para él no significamos nada. Hacemos lo que estamos hechos para hacer o no lo hacemos; en este último caso, si vivimos a la manera nuestra, a cualquier manera absurda de cualquier cultura concreta en que hayamos nacido, a Dios no le importa. Se encoge metafóricamente de hombros y llegada la hora nos tira de nuevo al crisol en que desaparece toda diferencia, para de nuevo sacarnos con miras siempre a su fin remoto.

Somos como especie; aun más: somos como forma mera de ser, porque el fin último de Dios es solamente el ser; pero no somos como ser concreto. Como ser concreto, sólo existimos.

Así se explica a tantos como el vivir se les trunca, tantos que se mueren en la infancia, tanta indiscriminada destrucción. Por mucho que perezca en cuanto ser concreto, jamás perecerá el ser como tal. Siempre habrá ser.

Perecen las formas; nunca la sustancia.

He de aceptarlo. Reconociendo que como yo, no valgo nada. Que valgo únicamente como manifestación de Dios. Dios se manifiesta en mí; éso es todo. He de sacar de ello toda gloria. Sólo soy; y soy tan sólo porque Dios es; y tan sólo en cuanto es y a la manera en que Él es.

Dios no me traza una conducta; no me exige una moral. Dios no es moral. Me traza - digámoslo así - tan solo lo inherente a mi naturaleza específicamente humana. Pero me lo traza como dado, no como impuesto.

Nada de Mandamientos; sólo realidad.

Haciendo algo en contra de mi naturaleza, no peco; hago tan sólo un despropósito. No soy pecador; soy sólo un loco.

No hay un Dios ceñudo, sino tan sólo un Dios sensato.

Yerran pues esos tantos que se ejercitan en avisarme de lo que Dios quiere de mí.

Desde el primer momento lo llevo impreso en lo más íntimo. Y se me hará un bien dejándome en paz reconocerlo.

Inútil será se me predique, basta el silencio.

34. ¿Y QUÉ HACEMOS CON LA PROVIDENCIA?

En lo que a los asuntos mundanos se refiere, dudo se dé la cristiana Providencia.

Quisiera que la hubiera. Que Dios se ocupase especialmente de cada uno de nosotros.

Se dice: no cae un cabello de la cabeza de nadie sin que Dios, el dios de la Biblia, lo sepa y lo autorice; todo lo ha dispuesto Dios; casamiento y mortaja del cielo bajan.

Para los cristianos y los otros bíblicos, Dios, el dios, es ser a la manera humana, conciencia dotada de memoria, entendimiento y voluntad; y quiere como quiere un humano.

Y puesto que se lo retrata siendo en grado sumo lo que el hombre sólo alcanza a ser en grado ínfimo; y que supuestamente el hombre poderoso lo controla todo; se infiere que nada en absoluto escapa al control del dios.

Mas Dios no controla nada de lo humano. Ni Dios envía pestes ni dispone que a tal hora de tal día tal sujeto ha de recibir en la cabeza el volcán de Pinatubo; o tal mala noticia que ha de llevarlo a vivir de otra manera. A convertirse.

Dios ejerce únicamente el control primero, el implícito en el hecho de tomar naturaleza al adoptar forma. En efecto, al hacer hombre a un hombre, Dios lo define, lo controla, de una vez por todas; pues imposible ha de serle al hombre existir a la manera de una piedra; existir a la manera de árbol o selvática alimaña.

Quitando esa definición primera, Dios no interviene en los sucesos temporales de la vida de un hombre.

¿O tal vez sí?

35. EL HOMBRE, ESPECIE ANIMAL

El hombre es especie animal, una más.

No concibo que Dios se ocupe particularmente de cada becerro o novilla que a diario se lleva al matadero. O de cada hormiga que aplasto yo con el zapato camino de algún lado. ¿Cómo concebir entonces que se ocupe de mí particularmente?

No concibo que exista Providencia. Que Dios dirija mi destino. Que esté atento a mí, a lo que me pasa. Que se preocupe de mis padecimientos; de lo que pasa en mi vida.

Y al mismo tiempo no concibo que se lave las manos ante lo que ocurrirme pueda; que por así decirlo se encoja de hombros; que de mí se desentienda.

¿Cómo concebir a un Dios indiferente al pecado, a los yerros?

Tal vez no exista tal yerro. Pero entonces no existe plan divino y Dios es acto ciego. Pura ciega energía.

No concibo que Dios intervenga. Porque tal intervenir significa dos, el agente, que interviene, y el paciente, que es objeto de la intervención.

Pero concibo en cambio que siendo yo forma de Dios, soy Dios siendo, con lo cual aquello que me pasa es Dios siendo y mi destino personal es Dios siendo de la manera concreta que soy yo.

Mas entonces no se lo llamara Providencia; es otra cosa.

36. ¿QUÉ SIGNIFICO YO PARA DIOS?

En el plano de la trascendencia, ¿importa mi vida, la vida concreta de X.Y.Z.?

No. Dios no esperó de mí nada que no fuera transmitir la vida.

Pese a lo que tantos parecen haber dicho a lo largo de nuestros magros siglos de Historia, no esperó de mí, no esperó de nadie, ninguna realización de tipo espiritual. No esperó de mí que me esforzase en alcanzar la santidad, ni lo esperó de nadie, entendiendo por santidad la excelencia espiritual; y dando por supuesto que tal excelencia significa alguna cosa. No esperó que nadie fuera espiritualmente ejemplo para nadie. Ni que elevase espiritualmente a sus congéneres. Dios no espera que haya en el mundo muchos Jesús de Nazaret, ni muchos lo-que-sea. Sólo espera de nosotros que humildemente transmitamos la vida a otros. Somos meros eslabones de la cadena de la existencia que Él ha dispuesto.

Porque si bien Dios tiene una intención, que no conocemos ni conoceremos nunca, ciertamente no es ella que nos acerquemos a una supuesta santidad que caprichosamente le atribuimos; que lo emulemos santo.

Dios, no espera nada de nosotros. ¿Lo espera acaso del gato o de las flores? ¿Lo esperó de los dinosaurios, que nos precedieron? Es obvio que la respuesta es aparentemente no. Si éso es así, ¿por qué habría de esperarlo de nosotros?

Hoy, en nuestro hoy, Dios se encarna entre otras en la especie humana. Pasarán millones de años y la especie humana desaparecerá; y otra, no sabemos cual, vendrá a sustituirla.

Y en todo momento se realizará el plan de Dios. Que no es otro que el ser. Dios es y sólo es. Dios se aplica sólo a ser. Y Dios es como piedra tanto cuanto es como ser humano o ser pós-humano.

Resulte andando el tiempo lo que resultare del actual presente nuestro, Dios siempre será; y con ello se cumplirá su fin, que no es otro que el ser eternamente, el estar ahí.

Dios es, pero no se aplica a ser de una manera. Por ello a los ojos divinos tanto vale un Hitler como un Buda. Para Dios, Hitler y el Buda equivalen; Jesús de Nazaret no se ha aproximado al plan divino más que un Gengis Kan o un Augusto Pinochet.

¡Parece desalentadora conclusión!

Sí, tal vez desaliente. Pero nadie nos ha prometido que la realidad sería de otro modo. Puede que lo hayamos creído de esa forma porque algunos hayan tratado por nosotros de violentar lo que es, para acomodarlo a nuestras esperanzas y deseos, supuestamente naturales.

Dios sólo es. Con nosotros o contra nosotros, Dios es.

37. PERO ¿QUÉ QUIERE DIOS DE MÍ?

Hemos de obrar bien; porque del obrar bien resultan en la vida buenos sucesos. El bienestar y los padecimientos se dan en esta vida, son premio y castigo inmediatos, resultan de nuestro bien o mal vivir.

Nada significa trascendentalmente el obrar bien. Dios no toma en cuenta que seamos o no seamos buenos, que nos portemos bien o mal. Ni nos premiará ni castigará en la otra vida, tras haber vivido ésta. Dios no atiende a tales cosas.

Significa algo el querer vivir correctamente, conforme a nuestra dada naturaleza, conformemente a Dios. Pero no significa nada el querer ser bueno.

En nuestra sociedad, el padre nos confunde. Castigando al dependiente hijo, manejándolo emocionalmente, lo lleva a querer comportarse bien, porque necesita que el padre lo ame; que el padre lo apruebe; pues el débil hijo depende absolutamente de tales bienquerencia y aprobación.

Hijos dependientes, nuestra vida y bienestar dependían de él y quisimos complacerlo, tenerlo de nuestro lado. Aprendimos a ser buenos y se nos descarrió del ser correctamente.

Puede también que queramos sentirnos de todo el mundo aprobados y queridos, porque a todos necesitamos, naturalmente dependemos de todo y de todos, somos tan frágiles que de todos necesitamos nos aprueben y bienquieran.

Vulnerables, psicológicamente necesitamos benevolentes a todos. Y se lo supone conseguido siendo buenos. De ahí que necesitemos defender el bien y rechazar el mal erróneamente concebidos.

38. ¿CÓMO SEPARAR MI VOLUNTAD DE LA DE DIOS?

Si soy Dios y todos somos Dios; si sólo existe Dios y todo lo que existe es Dios, cuando hago algo, Dios lo hace; cuando lo hace alguien y me sucede a mí, Dios lo hace y también que me suceda.

¿Qué significa entonces hablar de un querer de Dios? ¿De la voluntad de Dios?

Ya he dicho que en Dios no cabe la voluntad, que Dios no quiere nada; porque siendo eternamente inmóvil, para Él no existe el tiempo, no existen ni un antes ni un después; lo que yo hago o me sucede están presentes ante Él eternamente.

Dios no quiere que algo suceda, puesto que para Él ya todo ha sucedido, para Él no hay futuro, no le falta nada, ni dispone que algo ocurra andando el tiempo.

Dios no quiere. En Dios no hay voluntad. Siempre que entendamos el querer de esa forma arriba apuntada.

Dios quiere algo sólo si entendemos el querer de otra manera que la dicha.

Dios es, y al ser, todos somos. Dios es como es; y a nosotros no nos cabe que ser a su manera.

De esa forma cabe hablar de la voluntad de Dios. Estamos constreñidos a ser Dios, no otra cosa.

Dios es; y al ser Él, somos; y no cabe seamos otra cosa que lo que Él es: si lo intentamos, vamos contra Dios y nos perjudicamos.

Para entender ese ser de Dios y ese oponerse a Él, de nuevo distingamos entre el ser en cuanto a la sustancia, y el ser en cuanto a la conducta. No somos libres en cuanto a lo primero; tal vez lo seamos en cuanto a lo segundo.

En lo tocante a la conducta, si somos conforme a naturaleza, si no contradecimos la naturaleza nuestra y en cambio con ella armonizamos, somos como Dios nos ha querido.

Y somos contra Dios, a Él nos oponemos, si la contrariamos.

En este caso, el de contrariarla, la naturaleza se desquita y muere nuestro yo. Hemos pecado, Dios nos castiga.

En este sentido, el de vivir en armonía o en desarmonía con nuestro ser natural, cabe hablar de pecado y de castigo procedente de Dios; no en otro sentido.

Dios es el volcán de Pinatubo. Y cuando en su erupción me mata, no cabe decir que Dios ha castigado mis pecados, ni que Dios se muestra cruel y poderoso a mi respecto; sino tan sólo que siendo todo Dios, no prefiere éste nada.

No somos la niña de los ojos de Dios. Para él tanto monta el ser humano como la más diminuta hormiga, el homo dicho sapiens, como el gusano.

¿Por qué entonces habría de cuidar de que no nos sucediera nada desastroso?

Pero viéndonos forzosamente humildes pudiéramos sentirnos deprimidos e incluso aterrados. Este estar en manos de Dios. Muy fácilmente nos sentimos desvalidos. Y sentimos frío cada vez que pensamos que Dios no nos ama.

Este es el meollo. Necesitamos que Dios nos ame, sentir que Dios nos ama; de lo contrario difícilmente viviéramos.

Si lo sintiésemos indiferente y frío, no toleráramos el dolor de así sentirlo. Ni el sentimiento de injusticia.

¿Cómo vivir, pensando que para Dios no contamos nada? ¿Que yo, N.N., para Dios no cuento nada?

Estremece este abandono de Dios. Estremece este ser de Dios que se asemejara al de una máquina; algo que sin sentir nada, nos estruja y nos tortura y nos domina.

¿Cabe atribuir a Dios sentimientos? ¿Siente Dios?

Indudablemente, no. Porque el sentir a la manera humana presupone la ignorancia. El ser humano se alegra o entristece con sucesos temporales imprevistos. Y en él son los sentimientos reacciones fisiológicas.

Dios no siente humanamente. Ni ama a la manera humana.

Es preciso decir que Dios nos ama; porque siendo todo Él, y habiéndonos hecho de Él tal como somos, y siendo Él de todo lo demás origen, fuera absurdo pensar que Dios nos aborrece. ¿Cómo se aborreciera Dios? Sólo le cabe el amar.

Pero este necesario amarse Dios a sí mismo, amar a todos nosotros, que somos solamente Él, no es fácil de ver ni acomodable a nuestras esperanzas.

Dejadme que lo intente.

Se ha dicho: Dios quiere que seas conforme a naturaleza. Dios es equilibrio; y decirlo tal es decir bien y bondad. Dios empuja al equilibrio lo desequilibrado, y haciéndolo, ama.

Dios quiere el bien. El bien es el equilibrio.

¿Qué ansía Dios de ti? Que vivas equilibradamente; que vivas conforme a la naturaleza. Puesto que vivir así es el bien, Dios quiere tu bien.

Por consiguiente, Dios te ama.

Pero me parece -aunque conforte- amor distante. Necesito saber que Dios me ama a mí, N.N., a mí precisamente.

Mas ese yo, N.N., no existe. No hay ningún N.N. Sólo hay una más de las formas de Dios, una más de sus manifestaciones. Y Dios me quiere en cuanto tal manifestación.

¿Cómo vivir sin la conciencia de que Dios influye precisamente en mi vida; en los sucesos de la vida de N.N.?

Dios influye necesariamente en todos; porque sólo existe Dios y todo lo que pasa es Dios existente.

Mas difícilmente se concilia el que Dios me ame, con el hecho de que tal vez me atropelle un camión, me lleven los nazis a las cámaras de gas o me torture un policía!

El amor que presuntamente Dios siente por mí no es como el amor a que por ventura estoy acostumbrado.

Dios ama de otra manera que aman los humanos.

Gustara yo de que Dios me prefiriera; de que me prefiriera frente a otras formas de su ser.

Aunque ni siquiera prefirió a la manera humana al que algunos dicen su Hijo muy amado al que clavaron en la cruz.

Pero esto es ya leyenda.

39. LA CONDUCTA DE DIOS.

Dios es conforme a su naturaleza. Conforme a su esencia.

En Dios, naturaleza y esencia coinciden. Coinciden la esencia y la existencia.

Empleando aquí el verbo ser, significo la conducta, no la sustancia. Cuando me refiero a su conducta, doy por supuesto que Dios se conduce según su naturaleza. Cuando me refiero a la conducta del hombre, me refiero a su naturaleza divina; de modo que el hombre sólo es, sólo se conduce, con arreglo a esa divina naturaleza. Ahora, el hombre se conduce variadamente, y desapruebo algunos modos de ese conducirse. Sin embargo, todos son conformes a la divina naturaleza. Todos caben y son aceptables.

Mas nada significa hablar en Dios de conducta. Dios no se conduce; Dios sólo es. Y el ser no es conducirse. El conducirse presupone el tiempo; y Dios es atemporal. El conducirse presupone un antes y un después, un querer y una voluntad, impensables en Dios. Nada significa pues hablar en Dios de la conducta.

Ahora bien, sí, significa algo el hablar de ella en el hombre. Y dado que el hombre es Dios, que la sustancia del hombre es Dios, al hablar de la conducta del hombre, hablo de la conducta de Dios en cuanto hombre.

40. ¿DE QUE MANERA ES CONSCIENTE DIOS?

He ahí el problema.

En la TV acabo de ver El Precio Justo; Tele 5; la 2 con Almodóvar. Y he reflexionado: ¿qué significa ésto, que durante horas vea ésto, que tanta gente haga ésto y lo contemple, tanta lo aplauda, y todas esas risas, con las que a menudo se disfraza el hastío y desorientación que se siente?

Me he sentido desalentado, yo. Y he pensado: ¡Qué basura! Y luego: ¿Qué quiero? ¿Qué quisiera yo para esta gente que se place con Joaquín Prats, con Bertin Osborne, con Sánchez Vicario? ¿Qué quisiera yo en vez de ésto que veo? Y me he comparado con ellos.

A un interlocutor imaginado he dicho en mis adentros: ya estoy yo más allá de todo ésto; ésto no me mueve, no me importa nada. Ya nada me mueve; ya no quiero nada. Y me siento como en casa de orates. Veo en torno puros desatinos.

Vale, pero ¿tú, qué hicieras? ¿Cómo quisieras la cosa?

Y no contesto.

He recordado la hoy tan aceptada idea de que somos tan sólo extraños animales fruto casual de la ciega evolución, puro montón de carne y huesos que moriremos sin remedio eternamente y que existimos por puro, accidental acaso.

Me he rebelado. He sentido la tranquila seguridad de que la cosa no es así.

Bueno. Y tú ¿qué harías?

Sí. ¿Qué haría? Si no quiero ser de los del Precio Justo ni Batallar con las estrellas, ¿qué quisiera yo que fuese todo?

A la manera de los viejos profetas hebreos, ¿me lanzara a tronar y predicar contra los que viven corrompidos? ¡Aquellos viejos barbudos y desaliñados, probablemente malolientes, vestidos de negro con ropas desgarradas, que con voz tonante amenazaban en nombre de Yahvé!

¡No, por favor!

Sin embargo, ¡Dios es! Y dado Dios, todo lo que hay significa algo; todo tiene sentido; importa lo que hacemos.

¿Importa lo que hacemos? He aquí el obstáculo primero.

¿Importa lo que hacemos? ¿Importa la conducta? No, no importa. No importa ante Dios. Pues Dios es todo. Dios es tanto el criminal como la víctima. Dios es Pinochet y madre Teresa; Dios es Videla y san Francisco. Dios no prefiere a unos en contra de los otros. Dios es ambos.

Dios no es ser moral. De serlo, Dios se atendría a principios, se atendría a reglas; que le serían anteriores.

Imposible concebir a Dios subordinado.

Dios es sin principios; Dios es la anarquía y el desorden.

Dios no tiene principios; Dios tiene sólo naturaleza; es de una manera y no de otra.

Atribuir a Dios naturaleza es darle principios, sujetarlo, limitarlo.

Dios tiene que ser de todas las maneras, y todas las posibilidades le han de estar abiertas. Puesto que todo le es presente eternamente, puesto que ser inmóvil, Dios es todo, aun lo más absurdo.

Humanamente absurdo.

Conformes, Dios lo es todo, hasta lo impensado. Vale!

Dios es infinito, ilimitado.

Cómo concebir a un Dios que sin principios los exige al hombre, siendo así que Dios es el hombre?

¿Querrías tú entender a Dios? - supuestamente el ángel aquel preguntó a san Agustín.

Nunca lo entenderé: descabellado pretenderlo; pero necesito saber cómo nos relacionamos. Y en la medida en que me lo permita la razón, humana y limitada, avanzaré. No pretendo lo imposible, sino apurar al máximo mis capacidades.

Entonces, a los ojos de Dios no importa lo que hacemos.

Aclararé lo que aquí importar significa.

Si no importa lo que hagamos, ¿por qué en consonancia con la naturaleza se vive más vivo, y la vida es menos viva si lo contrario? ¿Cómo es que recurriendo a Dios se pide luz para vivir la vida buena, y Él contesta, Él ilumina?

¿Qué quiere Dios? ¿Cómo quiere Dios?

El problema está en saber de qué modo es Dios consciente.

Dios sabe; Dios sabe lo que pasa.

Aquí está el problema. Es necesario un Dios consciente, que Dios sepa qué está sucediendo, que Dios opine y tenga voz. Porque la idea de una fuerza ciega que actúa por acaso, una fuerza equivocadamente dicha brutal, es impensable. Hay que hacer a Dios humano.

Dios es fuerza ilimitada, sí; pero no ciega. Porque ciega, la dominara el acaso. El acaso la precediera; el acaso, una especie de ley física. La estadística. La no ley.

Y antes de Dios no hay nada.

¿Cómo fuera Dios una fuerza ciega? Digo ciega, no ilimitada.

Son limitadas las palabras. Pretendo meter en útiles humanas palabras limitadas lo que no cabe en nada.

¡Paciencia! ¡Seguiré!

Es necesario un Dios consciente; que Dios sepa qué sucede; que Dios tenga opinión.

Mas opinar es distinguir entre bueno y malo y Dios no es moral, no puede ser moral.

Pero si Dios sabe, ¿cuál es el saber de Dios? ¿De qué manera sabe Dios?

El ser humano sabe a la manera reflexiva. El ser humano reflexiona y está siempre presente ante sí mismo; es consciente de sí mismo; sabe siempre que está sabiendo; tiene conciencia de alguien que tiene conciencia.

La manera del saber humano es esa conciencia simultánea de alguien que sabe acerca de algo sabido. Y ésta de ahora mía : saber que sé de alguien que sabe de algo.

Pero en Dios esa conciencia reflexiva es impensable. Puesto que Dios es lo primero y nada es antes de él, no cabe en Dios esa conciencia de sí mismo; no le cabe ser consciente de alguien que tiene conciencia. Porque ¿quién tendría entonces conciencia de quien? Tendría que ser alguien anterior, alguien previo. Habría como un segundo plano que tuviera conciencia del primero. Y nada es antes de Dios. Ese doble ser de Dios es impensable.

Dios no tiene conciencia de sí mismo.

Entonces ¿qué es esa conciencia que aun siéndolo lo es sin ser conciencia reflexiva, conciencia de sí mismo y a través de ella de todo lo demás?

Mas para Dios no hay demás, puesto que todo es Él. Y la conciencia de otras cosas se queda en conciencia de sí mismo; que a su vez no es conciencia de nada, ya que no hay dobles planos, un primero y un segundo. Todo empieza con Dios y con Él termina.

Dios no pensara en mí sin darse cuenta de ser aparte de mí, sin verme como no Él.

No hay tal dualidad; pues Dios y yo somos una sola cosa.

Si al pensar en mí, Dios se pensase a sí mismo, se daría aquella conciencia reflexiva. Para sí sería Dios objeto.

Imposible en Dios tal desdoblamiento.

Dios tiene que ser conciencia, conocimiento; pero no puede ser conciencia de otra cosa, pues no hay otra que Él. Ni conciencia de sí mismo como conciencia de otra cosa.

Dios no puede tomar a nada como objeto, ni siquiera a sí mismo, porque sólo hay sujeto, sólo Él.

Dios tiene que ser conciencia, saber qué está pasando. Pero esa conciencia necesaria no es lo que yo entiendo por conciencia; es otra cosa. Porque de nuevo ese saber-que-está-pasando lo divide, hay uno que sabe y otro de lo que se sabe. Mas lo que está pasando es Dios. Para mí, humano, algo pasa, algo sucede; mas para Dios no hay tal suceder: si para mí es tal, para Dios es ser.

Dios siendo, para mí suceden cosas.

Desconozco el modo de conciencia de Dios; su conciencia no es como la mía.

Dios conoce; no sé de qué manera. No a la manera mía.

Tengo que aceptar que Dios sabe; que se interesa por mí. Pero que lo hace de una manera cuyo mecanismo se me escapa.

El problema es el modo de conciencia de Dios.

41. ¿A QUÉ, ME OCUPO YO DE DIOS?

¿Por qué me ocupo yo de Dios?

Jamás, yo, contingente criatura, comprenderé al creador, lo necesario; jamás lo entenderé; lo doy por descontado.

¿Me reprocharíais lo que en las playas de Cartago tocante al misterio de la Trinidad se dice el ángel reprochó a san Agustín?

Jamás lo contenido abarcará lo continente; jamás meteré el océano en un hoyo hecho en la arena.

Pero yo no me ocupo de Dios a la manera del hombre de ciencia que en el laboratorio diseca un insecto en la platina de algún microscopio. Me ocupo de Dios a la manera del poeta que en la primaveral campiña contempla fascinado las bellas amapolas.

Dios me fascina. Y por otro lado, Dios es lo fundamental en nuestras vidas. ¿Qué, más importante?

Sin él no hubiera nada, Dios es todo: es este yo que ahora soy.

Me ocupo pues de mi ser último, de la verdadera realidad, de lo que cuenta. Y me ocupo contemplándolo, amándolo, cerca de él; jamás analizándolo ni queriendo robarle sus secretos, destruyéndolo para dominarlo, para sobreponérmele, para quedar encima.

A Dios quiero sentirlo, sentir su presencia interminable, vivir consciente sin cesar de él.

Por eso me ocupo yo de Dios.

Al menos, es plausible.

42. QUIERO SER TAN SOLO HOMBRE

¿Para qué existen los humanos?

Cito a uno.

> The aim and purpose of human life
>
> is the unitive knowledge of God.

> Aldous Huxley.

Difícilmente se pensara que quien dijo estas palabras hubiera experimentado en persona lo que ellas contienen. No concibo que Dios, mi Dios trascendente, haya tomado la forma del vivir humano, del existir humano, para que el humano - se suele decir - ascienda, se purifique y se eleve a Dios. Para que el hombre alcance por fin a conocer que es uno con Dios.

Dios no prueba al hombre. No lo hace una cosa a la espera de que él se transforme en otra. No lo hace humano para que él luego se eleve y se haga divino o se reconozca tal. Si Dios se hubiera propuesto tal cosa, es fácil de admitir que no hubiera hecho hombre al hombre: lo hubiera hecho ya directamente ángel. De golpe lo hubiera hecho de otro nivel espiritual más elevado.

No sabemos para qué Dios ha tomado forma humana. Pero no ha sido para que el hombre se descubra Dios.

Si tal hubiera sido su propósito, no se explicara, entre otras cosas, que tantos mueran en la cuna, que a tantos aplaste un terremoto o simplemente atropelle un camión. Se mostrara Dios injusto asignándoles la tarea de descubrirlo, la de descubrirse Dios, e impidiéndoles luego el realizarla.

Dios espera del hombre el ser cabalmente hombre, es decir, especie biológica mamífero que nace, crece, se reproduce y después muere.

Luego, a largo plazo, la especie, no el individuo, mejor dijera el universo todo, habrá cumplido el plan divino, sea éste el que sea.

La cita citada incita a desacreditarla, suscita disgusto y negación. Provienen éstos de que nuevamente partimos concibiendo a Dios equivocadamente.

Dios no es un tú, ni tampoco un él. Dios es un yo, el único yo. No existe otro yo que él.

No existimos tres personas, yo, tú y él. O para el caso, dos: yo, que pienso a Dios, y Dios, pensado por mí. Existe sólo Dios y yo soy Dios. Existe sólo un yo, el único yo, Dios.

Digo yo y entiendo por yo lo que ordinariamente entiendo, un ser humano individual separado de todo lo demás. No soy tal cosa, no soy tal individuo; sino un aspecto espacio temporal de Dios. Alguien que me contemple, contempla a Dios bajo mi forma; contempla a Dios en este espacio que yo ocupo y en esta época o tiempo en que yo soy.

Si soy un aspecto espacio temporal de Dios, desde el principio soy ya dado. Soy Dios; y puesto que Dios es eternamente, soy eternamente. He sido siempre; soy algo ya dado; no tengo propósito ni fin. Soy ya lo que debo ser. No he de esforzarme en alcanzar perfección ninguna dicha espiritual. No he de esforzarme en conocerme a mí mismo como uno con Dios. No he de elevarme hasta Dios. Haciéndome hombre humano, hombre biológico, Dios ya me hizo ser lo que debía ser.

Imagino a Dios, la totalidad, lo único existente, como una naranja cuya piel ofrece a la visión y al tacto crestas y valles. Si fijo la atención en ella, en un punto de ella, en una de sus protuberancias, veré particularmente la naranja, la veré circunscrita en un detalle correspondiente a un espacio y un tiempo determinados. Dios estará ahí, entero, siempre el mismo, inmóvil; y también sus accidentes, como si dijéramos, sus protuberancias, también están ahí, todas, siempre, eternas como él. Dios es; sus manifestaciones son también.

Tal es el ser humano: protuberancias de Dios, existentes a la par de él, que han existido siempre con él, que son él; aunque a mí, que las miro una por una, me parecen separadas en el tiempo y en el espacio e independientes una de otra.

Así pues, todos aquellos que predican el elevarse a Dios, que alaban a los que supuestamente lo consiguen, se equivocan no queriéndose lo que ya son; enmiendan a Dios la plana. Se niegan hombres para, según dicen, virtuosamente elevarse a Dios.

No aceptándose a secas biológico ser humano; decidiendo ser perfecto como Dios es perfecto, queriendo uno igualársele; tomándolo como meta; atribuyendo a Dios que la haya fijado, presuntuosamente se yerra.

¡Y heme ahí convencido y virtuoso!

Procurar alcanzar la espiritualidad es desmesura, despropósito.

Aceptarse hombre, no querer ser otro que hombre, dejar a Dios el por qué de que haya especie humana, es virtud, así se acierta.

Y difícilmente habremos de saber, ni hay por qué saberlo, por qué Dios se manifiesta como ser humano.

43. EL BUEN CAMINO

Se dice comúnmente: Dios aprieta, pero no ahoga; no hay mal que por bien no venga; Dios te prueba, como al santo Job, para purificarte; te acrisola.

Pero ¿por qué Dios ha de querer perfeccionarme?

Un suceso me acongoja y pienso: Dios quiere probarme; para que me purifique sintiendo dolor y padeciendo, Dios me prueba. Dios me alecciona.

Pero me digo: ¿por qué Dios ha de querer perfeccionarme? ¿Por qué no ha de quererme como soy, puesto que no soy otro que él y él es ser ilimitado, y se conduce sin ajustarse a pauta? ¿Por qué ha de querer, haciéndome padecer, llevarme a otro estado?

No se explica la cosa si suponemos en Dios lo que llamamos voluntad, un querer que las cosas no sean como son; un ego semejante al deplorable humano ego.

También en Dios es reprobable un ego. Por más que de Dios se trate, ese querer a ultranza, querer caiga quien caiga, repugna atribuido a Dios.

Puesto que no existe otro que él y es ilimitado y es eternamente, Dios no quiere, no ha de querer. Todo está ya dado. Es inconcebible nada que aún no sea. Dios es todo y ya.

En cambio se entiende el asunto si vemos a Dios como el absoluto bien. Cosa absolutamente necesaria, el verlo de esa forma, puesto que no existiendo otro que Dios, lo que él es, es necesariamente bien. No cabe comparar a Dios con una escala de valores que le fuera ajena, que lo precediera. Dios es fuente de cualquier valor.

Dios es el bien, y lo único que quiere, de darse en él algo equiparable a la voluntad, es a sí mismo, y él es equilibrio; de manera que todo, absolutamente todo, tiende a Dios, tiende al equilibrio, tiende al bien; y ese tender al equilibrio, ese tender al bien, es el amor de Dios, la manera divina de amar.

Cuando digo que Dios quiere mi bien, estoy diciendo que Dios quiere llevarme al equilibrio, quiere llevarme a sí; y por ese querer llevarme a sí, Dios me ama.

Es todo natural. Dios no me escoge, se fija en mí y me prefiere, y ordena los sucesos para que yo aprenda a comportarme y me dirija a un cielo que él me tiene previamente señalado. Por parte de Dios no hay voluntad. Dios es equilibrio; y este estado de equilibrio, como un vórtice, como un moderno agujero negro, atrae todo a él.

Y si yo padezco, Dios no me prueba, ni maniobra intencionadamente para traerme a ningún camino bueno. Padezco porque no vivo equilibradamente; y mi dolor resulta de mi desequilibrio; padeciendo, mi naturaleza me señala la necesidad de recobrar el perdido equilibrio, mi divino ser me empuja al bien.

Lo que cabe - para evitar el sufrimiento - es pues abandonarse; abandonarse a Dios; quitarse de enmedio; no obstruir el camino; dejar uno de obstinarse en ser un yo, para que en su lugar sea sólo el único yo posible, Dios.

Mas ¡qué difícil, rendir la voluntad!

44. *A POOL OF MINDS*; O LAS COSAS NO SUCEDEN PORQUE SÍ.

No existen mentes individuales; existe sólo una Mente universal y única que se manifiesta a través de los individuos; y éstos son como las múltiples facetas de un tallado y único cristal: reflejándose en cada una de esas facetas, la Mente única da lugar a las mentes supuestamente individuales.

Hoy estoy inquieto. Es de noche y de pronto me sentí angustiado. He sentido miedo; me he sentido amenazado y me he dicho: puesto que mi mente es en verdad reflejo de una Mente única, esto significa que peligro. En alguna parte hay otra mente, otro reflejo, que me amenaza.

La Mente única es a un tiempo la mente amenazante y la mente amenazada. Yo, mente supuesta individual, me siento amenazado porque otra mente, también individual, me amenaza.

No siento en el vacío. No soy un ser aislado, encerrado en sí mismo, independiente de los otros, que de pronto por razones fortuitas se siente angustiado, sin que el resto del mundo, los demás seres, tengan en mi angustia nada que ver.

Lo que siento deriva de un campo, de un campo como de fuerzas, de un ambiente, de una atmósfera, en los que existo y sin los que no se concibiera mi existir. No independo de mi ambiente, de mi medio, soy uno con él. Y la totalidad produce lo que me pasa.

45. NO EXISTEN INDIVIDUOS: SÓLO EXISTE DIOS

Ocurre algo y me sorprendo. Me sucede algo inesperado, me escandalizo y digo: ¿por qué me ha ocurrido ésto?

Yerro sorprendiéndome. He forjado yo lo sucedido.

Diciendo ésto, no trato de explicarlo a la manera sicológica común, según la cual inconscientemente llamamos sobre nuestras cabezas el rayo que se abate; y por una como perversidad, de la que somos inconscientes, convocamos la desgracia, quien sabe si para castigarnos y acaso acallar sentimientos de culpa.

Inútilmente se justifica lo ocurrido razonando complicadamente, atribuyéndolo a la reacción propia de una máquina que responde manejándola; es otra cosa.

Veámoslo de otra forma. Algo sucede que a mi parecer me perjudica; y me sorprendo.

Sin embargo, la cosa es sencilla y no hay lugar para sorpresas.

He hecho algo, me he comportado de una forma; Dios ha sido en mí. Pero ese ser de Dios de esa manera, suscita otro. Y como Dios no reconoce reglas, alguien - Dios - en alguna parte, reacciona adecuadamente a mi acción.

No hay de qué asombrarse ni culparse.

Naturalmente Dios ha sido una cosa, nosotros, nuestro acto, y ha sido también la cosa concomitante, el acto ajeno.

Ni hemos sido culpables, nosotros, ni Dios nos ha castigado; tan sólo ha habido un acto y su consecuencia, ambos Dios; Dios en su infinita versatilidad.

Mas tal no hubiera sucedido - nos retrucara alguien - si hubieras elegido ser Dios de otra manera, una que no acarrease tales indeseables consecuencias.

Dicho de otro modo, si escoges ser Dios de tal manera que las respuestas del ser de Dios no resulten dolorosas ni malignas, habrás acertado por ambas vertientes: lo que hagas, será Dios, no tú, y las consecuencias de tu acto serán vivificantes, no mortíferas.

Dios no sabe de valores.

One's small song - "I like, I dislike,"...

creates disonance with the large song.

We are called to sing a unity song.

-Dhyani Ywahoo,cherokee teacher.

46. QUIERO SER UN ESCOGIDO

Quiero ser uno de los escogidos.

¡Oh, Dios! ¡Qué sepa yo a quienes prefieres, para irme con ellos, para alistarme de su lado!

Quiero que haya buenos, que se diferencien netamente de los otros, malos; y saber cuáles son, para juntarme a ellos; quiero huir de los malos, rechazarlos, olvidarlos.

Quiero a Francisco de Asís; rechazo a Adolfo Hitler. Sin embargo, ambos son caras de Dios.

Y queriéndolo así, una y otra vez deseo malamente ser protagonista; una y otra vez quiero decir yo como las cosas han de ser; quiero intervenir; ser voluntad e imponerla.

Quiero ser yo; quiero ser un yo; quiero existir independientemente, conforme a planes míos.

Pero yo jamás seré un yo, puesto que necesariamente es sólo Dios en mí y otro yo no existe que el divino.

Yo soy dado, eternamente dado. Dios, el único yo que existe, la única persona posible, siempre primera, es eternamente a su manera yo. Y en lugar de reconocerlo y abandonármele, insisto una y otra vez en ser yo aparte de Dios, independiente yo, yo por mi propia cuenta, sin tenerlo en cuenta a él, sin reconocerlo único yo.

¿Por qué a mí? - pregunto fastidiado cuando algo me disgusta que no preveía y me sucede.

Es como si me vigilara y me irritara cuando el yo real no coincide con el otro yo que yo quisiera.

47. SUTILMENTE SE DISTINGUE.

El sacerdote alza la sagrada forma y nos exhorta a que la adoremos. Aparentemente hace algo bueno. Tal vez se dijera que nos saca de nosotros mismos y nos lleva afuera; que suavemente nos conduce a entender que -adorando el cuerpo del Señor- hemos de fijarnos en el único que es, algo que sobrepasa nuestro yo y desviar de nosotros la atención.

Trata de abrirnos a lo general.

Pero, no se sabe bien por qué, cae en un peligro: en el de hacer del cuerpo divino un fetiche; en el de llevarnos a adorar fuera de nosotros lo que en nosotros vive, lo que en nosotros mora. Y de ese modo nos aliena y nos pervierte.

En lugar de abrirnos a lo general, como tal vez se pretendía y era bueno, nos aliena de nosotros mismos, nos enajena. Ya no hay virtud en nosotros, ya no hay divinidad. La virtud, Dios, son algo que está fuera, en otra parte, tal vez en el Cielo, en Jesús, la salvación, en Cristo-Jesús.

Adorando al dios cristiano nos comportamos de modo sumiso. Nada virtuosamente, nos rebajamos.

Bien estuviera el acto de humillarse, si fuera acto natural, espontáneo, y no malsano despreciarse.

Induciéndonos a postrarnos ante el supuesto dios, los clérigos cristianos nos acostumbran a postrarnos; hoy ante el dios, mañana ante el socialmente poderoso; nos adiestran a someternos.

Temo que los eclesiásticos cristianos no nos enseñen a sentir humildemente; sino sólo a respetar las jerarquías.

48. ¿ATIENDE DIOS MIS PLEGARIAS?

Cuando en una situación determinada pido a Dios me guíe por el recto camino; me induzca a hacer lo correcto y no lo equivocado, no le pido a la manera ordinaria - la del que pide algo a otro - que me ayude, se ocupe de mí, me atienda especialmente.

Se trata de otra cosa.

Dios es el bien; y el divino bien es el equilibrio en todo, es la armonía. Dios es equilibrio; de modo que todo tiende naturalmente al equilibrio y la armonía.

No se necesita pedir nada; espontáneamente Dios empuja a todo a la armonía; y la armonía es el bien. Sólo se precisa apartarse a un lado, para dejar que Dios actúe.

Y con mi oración me predispongo sólo a ese necesario apartarme a un lado, no interponerme. No ruego a otro que intervenga; me advierto de que he de borrarme.

Y Dios hará lo que convenga; espontáneamente; sin tener que intervenir, sin tener que ejercer su voluntad.

49. ¿SOY LIBRE O NO SOY LIBRE?

Siendo todo Dios y siendo Dios eternamente, todo está dado de antemano; la conducta de los hombres está dada de antemano; porque el hombre es Dios hecho carne, y todos sus actos son actos de Dios, actos eternos.

¿Dónde queda pues la tan discutida libertad del hombre? No hay libertad; el hombre no es libre.

Sostienen muchos lo contrario, e interminablemente se habla del asunto. ¿Por qué tanto interés? ¿Por qué se disputa tanto?

Según razono yo, el hombre no es libre; según tantos otros, sí, lo es. Tal vez aquí de nuevo corrientemente se confunde entre los dos independientes planos, el plano de lo humano y el de lo divino.

En el plano divino, la libertad humana no se da. Sólo Dios es; y Dios es eternamente, está dado de antemano. Por consiguiente, no ha lugar para hablar de libertad, puesto que Dios no ha de escoger entre varias opciones, ya que es todas a la vez. No cabe hablar aquí de posibilidades porque Dios es todo siempre y simultáneamente. En el plano de Dios y dado que no existe el tiempo ni cabe hablar en Dios de exclusión alguna, se da simultáneamente todo, lo uno y su contrario.

En Dios no cabe el elegir; y si no hay elección, no hay libertad; no que carezca Dios de autonomía, sino que la palabra carece en él de cualquier sentido. Libertad, voluntad; elección y decisión carecen referidas a Dios de cualquier significado.

Pero no en el plano humano. Para el hombre existe el tiempo. A nuestros ojos, el hombre es sucesivamente; en él las opciones se excluyen mutuamente en el tiempo; de modo que aparentemente al hombre se le muestran opciones distintas y escoge. En el plano humano, cabe hablar de libertad; en el de Dios, no.

Por otro lado, se insiste en que el hombre labra su destino tal vez porque ignora acerca del acaecer. En este momento no sé si en unos minutos me levantaré o no para ver TV; cabe en lo posible, pero también lo es que alguien me llame y me distraiga, y posponga yo el proyecto; decida posponerlo.

Bien estará llamar a éso libertad, al ejercicio de la también llamada voluntad, dado que no sé con certeza lo que ocurrirá dentro de un instante; pero estará bien si me atengo estrictamente a las capacidades y humanas condiciones; sin perjuicio del hecho de que en el plano divino todo esté dado de antemano.

Y tal vez sólo por conveniencia se disienta tanto acerca de la humana libertad. Es así que unos hombres dominan a los otros y dictan leyes y obligaciones; que tales dominación y leyes conllevan sanción si no se las acata y cumple, y que para justificarla y legitimarla es preciso responsabilizar al hombre y por consiguiente decirlo libre.

Pero aunque la libertad sea instrumentalmente necesaria, tal hecho no la prueba.

Ociosamente se discute si el hombre es libre o no lo es.

50. ¿HA TENIDO ALGÚN SENTIDO?

Acabo de decirme: espero que todo ésto - lo que al presente es mi vida y lo que fue antes de ahora - signifique algo; que se explique trascendentalmente todo éso que lamento hora suceda, todo éso que lamento haya sucedido antes.

Primeramente, solía yo decir: cuando llegue allá, al otro lado, a la otra vida, he de preguntarle al dios: explícame, explícamelo todo. ¿Por qué los 6 millones de judíos en las cámaras de gas, por qué los japoneses de Hiroshima; por qué se tortura; por qué sufren los niños; por qué se experimenta perversamente con seres humanos?

¿Por qué las cosas como han sido y como son y no como yo creo deben ser? ¿Por qué el destino? Confío en que todo se me aclarará y me sentiré reconciliado.

Mas ya no creo en aquel Dios ni de esa manera. No habrá tribunal. Acabado de morir, no se me recibirá en un celestial salón en el que el Dios, él y yo, finalmente cara a cara, nos hablaremos.

Plausiblemente, no será de esa manera; mas ya tampoco es necesaria. Puesto que todo es Dios, y Dios, eterno, lo sucedido es Dios y no cabe alterarlo. Sólo Dios es, y todo lo que aparentemente sucede, es Dios siendo. Todo es las múltiples facetas del ser de Dios. Por consiguiente, todo está justificado desde siempre y no cabe que aceptarlo.

Yo no soy; sólo es Dios en mí. No hay yo otro que Dios. Lo que es, es necesariamente; y no cabe discutirlo, puesto que no existe ningún yo que lo dispute; sólo existe Dios.

Dios es a su manera.

51. EL DUALISMO CULTURAL

Toda esta angustia, tensión y dialéctica entre Dios y los hombres deriva únicamente de que a capricho tomamos a Dios como un tú o un él, y nos tomamos como un yo. Tan pronto como pronunciando la palabra yo, y tomando a Dios por algo aparte de mí, tomándolo por objeto de conocimiento y atención, lo transformo en un él, surgen ante la atención todas las preguntas y problemas.

Es cuestión puramente gramatical.

Sencillamente, con sólo el lenguaje, al separarme con él de Dios, me doy de cabeza con lo incomprensible; ya no entiendo nada, me siento ignorante de lo que es y me angustio.

¡Durante siglos y milenios tanto discutir inútilmente! ¡Y sólo porque -en esta mi sociedad concreta- cualquier día pasado y ya remoto alguien decidió por todos y a capricho dividir el mundo, la realidad, lo que es, en dos: yo y todo lo demás!

Acuciado yo por la necesidad de comprender, íntimamente impulsado a saber, reflexionando he descubierto la unidad subyacente a todo; he descubierto al verdadero Dios.

Y de camino he ido cayendo, paso a paso y una tras otra, en las eclesiásticas herejías del pasado. Ya muchos habían pensado en estas cosas, y habían concluido lo mismo que yo he concluido.

Nada sabía de ellos. Eran para mí, igual que sus doctrinas, nociones extrañas y aberrantes escondidas en el polvo y oscuridad de las bibliotecas y los siglos.

Comúnmente se piensa lo que otro ha establecido, lo oficialmente determinado. Se nos condiciona a dar por buenas y acertadas determinadas cosas, y a ignorar otras. Un buen día, los dominantes, los que mandan, los que siempre han mandado, quisieron ver el mundo de una forma y de un plumazo rechazaron y condenaron las demás al olvido y las tinieblas.

Y ahí estamos todos; vemos el mundo a través de un prisma prefijado; lo vemos con gafas deformantes impuestas a la fuerza. Y con ellas, haciéndonos ver prefijadamente la realidad, se nos aboca a un sin cuento de dilemas, angustia, preocupación y sufrimiento.

52. LA CONDUCTA DE LOS HOMBRES.

A Dios no le importa nada la moral. ¿Qué le importa entonces?

El como se conduzcan los humanos trae sin cuidado a Dios. Dios no quiere; Dios no quiere que los hombres se comporten de ésta manera o de la otra; porque en Dios no hay voluntad. A Dios no se le escapa de la mano el hombre; ni por lo tanto quiere Dios retenerlo y controlarlo.

Dios no quiere; porque todo es Dios y está dado de antemano eternamente. Y al ser todo Dios, tampoco cabe oponerse a Él.

A Dios no se le da una higa de lo que hagan los hombres; porque siendo todo Dios y siéndolo Dios todo, tanto el humano bien como el humano mal sin distinción, siendo Dios ilimitado, todo lo acepta, todo cabe en él, indiferentemente.

¿Qué le importa entonces? Nada le importa; todo es ya como debe ser; y Dios no se preocupa; ni aspira a que nada sea lo que aún no es. Dios es la tranquilidad absoluta, el reposo infinito, la estabilidad suma.

El hombre ha de confiar en Dios, abandonarse a Él, reposar en Él. Tampoco el hombre ha de querer.

Dios no condena moralmente. El hombre tiene que descubrir el humano bien y preferirlo.

53. EL DIALOGO DE DIOS CONSIGO MISMO.

Puesto que yo, Dios, soy todo, soy la Madre Teresa de Calcuta tanto como soy Adolfo Hitler, Manuel Videla o Pinochet; soy el policía que tortura tanto como el preso torturado; el inquisidor tanto como el hereje al que quemo vivo; la víctima tanto como sus verdugos. Y puesto que soy ilimitado y no conozco normas, tan bien está ser una cosa como ser la otra.

Nada importa lo que en cuanto a la conducta eres, puesto que, seas lo que en cuanto a ella seas, eres yo -Dios- que me manifiesto en una de mis innumerables variantes. Lo que seas está bien, y no ha lugar para que deplores ser una cosa y no haber sido otra.

No hay normas. De cualquier modo que seas, está bien. De todas formas, siendo tú yo, y desde siempre predeterminado, imposible fuera fueras otra cosa que la que ya eres.

Soy sin normas, soy sin pecado; y por ello lo eres tú. No te inquietes, pues; jamás habrás de disgustarme, ya que tú no existes independientemente de mí, y eres solamente yo.

Eres limitada naturaleza humana; y aun si haces lo que para tal naturaleza consideras aberrante, sigo siendo yo el que lo hace, y no ha lugar para condenas.

Soy el volcán de Pinatubo, y en una de mis erupciones te destruyo; soy la nieve en la montaña, y en una de mis avalanchas te sepulto; porque soy a un tiempo tú y todo lo demás, y no te escojo ni prefiero antes que a cualquiera otra de mis formas de ser.

Mas no por ello soy brutal, fuerza ciega e inconsciente que mueve el azar, ni tampoco cruel; sencillamente, soy sin preferencias ni anticipadas normas. Soy ilimitado y todo lo abarco.

Por consiguiente has de aceptar que ya deslizante nieve, ya río de volcánica lava, ya turba enfurecida que lapida a Esteban o sayón romano que a Jesús crucificó, puedas tú, desde tu punto de vista, salir perjudicado y mueras; aunque sólo pierdas esta vida pasajera, que no es fundamental; y sin que ello implique de mi parte previa intención, correctora o previniente; pues no soy yo voluntad, ni nada me propongo.

Yo, Dios, lo soy todo.

54. HIMNO

Parto yo de la creencia, / oh, Dios de mis anhelos, / de que tú quieres lo mejor para mí.

¿Cómo has de quererlo, / si en ti no hay voluntad, pues nada anhelas, / ya eres todo, y yo soy tú?

Siendo yo tú, ya soy lo que he de ser, / nada me falta, / inútil fuera querer ser otra cosa / y hablar de ser mejor luego que ahora, / pues no hay ningún mejor, / no hay ningún peor, / hay sólo lo que es.

¿A qué pedir entonces suceda lo mejor?

Ya lo que soy es lo mejor, / ya lo has querido, / me basta abandonarme y aceptarlo, / salir yo del camino y no obstruirlo, / dejarte vía libre / para que seas tú / donde he sido yo el que ha querido.

55. DIOS ES SOLO HOMBRE.

Incluso aquellos para quienes Dios es absolutamente indisoluble de todo lo que para los humanos sentidos existe; incluso los que han aceptado que todo sea Dios y Dios sea todo, caen fácilmente en el engañoso dualismo cuando dan en referirse a lo que existe como una especie de sustancia inerte a la que impregnara Dios.

Para ellos, lo que para los sentidos existe, es como una esponja, un substrato, y Dios es como el agua que lo empapa, la esencia, el perfume, que entra y sale a voluntad de aquel repositorio.

Evitemos escindir de nuevo lo que al fin habíamos unido.

No existe un algo inferior, una materia, a la que algo superior, Dios, anima y da existencia poseyéndola. Igual que tampoco existe, como si dijéramos, un Dios en potencia y un Dios en acto. Pues de nuevo cayéramos en esa división absurda, en ese dualismo falso, si al aceptar el que Dios sea todo y todo sea Dios nos reservásemos la distinción entre un Dios antes de encarnarse, de materializarse en el mundo, y un Dios después de haberlo hecho.

Corremos tal peligro, al hablar de Dios como un él que primero existe y solamente luego se manifiesta en el universo. Un Dios que antes existe en potencia y luego en acto.

No existe un Dios en acto, otro en potencia. Todo lo que vemos, todo lo existente, es Dios, es ya Dios, es el único Dios posible.

-¿Cómo así? - preguntaréis. ¿Cómo serán esta piedra, este árbol, este hombre el único Dios susceptible de existir?

Nada de absurdo en ello. ¿A qué ese miedo a traer a Dios

ante los ojos, a ese como rebajarlo trayéndolo al mundo y colocándolo solamente en él? De ninguna manera se le rebaja la dicha Majestad que algunos le atribuyen, equivocadamente, al tomar el concepto majestad como algo que aparta y que distancia; pues no le rebajamos esa dicha majestad; tomamos el hasta ahora despreciado mundo y lo exaltamos.

No se trae al excelso Dios al miserable mundo: se levanta al nivel divino el hasta ahora miserable mundo.

Si el hombre, y con él todo lo dicho creado, es Dios, no desmerece Dios cuando se dice que el único Dios está en el hombre y está en las cosas.

De ese modo, haciendo que Dios sea sólo lo vulgarmente dicho existente, resolvemos el problema del querer de Dios, el de su postura supuestamente indiferente ante el bien y el mal.

Si el único Dios posible es lo que hasta aquí he llamado sus manifestaciones; si el único Dios posible es esta piedra, esta flor, este ser humano, Dios es lo que son esas variantes suyas, y es a la manera en que ellas son.

Así, Dios, en cuanto hombre, posee memoria, entendimiento y voluntad. En cuanto hombre, distingue bien y mal; y prefiere el uno al otro. En cuanto hombre, Dios es ser moral.

No existe pues un Dios olímpico que desde su altura inaccesible contemplara indiferente nuestros padecimientos. Dios es nosotros, y padece cuando nosotros padecemos; aborrece el mal que aborrecemos, y desea el bien que deseamos.

En este sentido resulta verdadero lo de Jesucristo dicho : que Jesús fue divino, fue Dios; y que Dios padeció en él.

Pero no sólo él; sino también todos los otros.

56. UNA SOLA ETERNA REALIDAD.

Dios no es aparte de sus manifestaciones. Y puesto que todo es Dios, pues inconcebible es que existan lado a lado Dios y lo que no es Dios, Dios y lo no-Dios, no hay otro Dios que lo comúnmente entendido por lo existente.

Dios es pues todo lo que me rodea, yo incluido. Y yo soy Dios y nada más que Dios.

Tal vez esto que afirmo levantará clamor de absurdo: - ¿Cómo vas a ser tú, Dios, - se me dirá escandalizado y teniéndome por loco - pobre ser humano limitado, contingente y frágil?

Mas al identificarme con Dios de la manera que lo hago, de ningún modo pretendo se me tenga por aquel Dios del catecismo del infantil Astete: un ser infinitamente bueno, sabio, omnipotente, principio y fin de todas las cosas, que premia a los buenos y castiga a los malos.

Cuando me identifico con Dios, no me interesa su omnipotencia tal como se la ha pretendido; sino mi verdadero ser.

Siguiendo ahora con el razonamiento, las características de Dios son las de todo lo que existe: Dios quiere y siente y obra, puesto que los seres humanos - Dios - quieren, sienten y obran. Dios es resistente y duro, porque lo son el diamante y el cuarzo; Dios es amarillo, por serlo el oro, y multicolor y leve, que lo es la mariposa.

Dios no es omnipotente, a la manera como se lo entiende de ordinario, a saber, como alguien que en cualquier momento y a capricho puede absolutamente hacer lo que le venga en gana.

Es verdad que Dios es ilimitado y principio y fin de todo; y en tal sentido, lo puede todo; pero en cuanto a la caprichosa prepotencia, nunca será más omnipotente que cualquiera de sus manifestaciones del momento.

Y del mismo modo con todo lo demás, sabiduría, bondad, etc.

No se trata de un Dios que posea en grado sumo las características que atribuimos a un humano; sino que primeramente es Dios, infinito e ilimitado, mas actualmente sólo es lo que son sus manifestaciones.

Se asimilará más fácilmente lo dicho, si comprendemos que no hay individuos aislados, mutuamente ajenos; que no hay separación, cualquiera que ésta sea. Hay sólo una totalidad, un existente, carente de brechas y fisuras, carente de cualquier solución de continuidad y formado por las que sólo percibimos partes diferentes los humanos, mas que no son tales, pues no las tiene la unidad, ni tampoco difieren en la esencia, aunque sí difieran en la forma en que a los humanos se aparecen.

No hay pues insalvable transición ni abismo alguno entre mí y la avecilla que canta ahora en un árbol próximo, o el caracol que se encarama por la ramas de la higuera, el alimento que cada día ingiero o el aire que respiro, la lluvia que ha caído esta mañana o la masa de cemento con que tapó una grieta algún vecino.

Es todo un uno, un sólo ser inacabable, una sola eterna realidad.

57. EL MAL EN EL MUNDO.

El problema está en ver amoroso a Dios. Ahí reside la dificultad.

Puesto que Dios existe, que todo es Dios o que Dios es todo, que todo procede de Dios y aparte de él nada es posible, hay que tomar por interés de Dios, por aquello que a Dios interesa, el ser mismo de Dios.

Interesa a Dios tan sólo su ser; se ocupa Dios tan sólo de su ser. Y por ello tan sólo ocupándose de su propio ser se ocupa Dios de los humanos.

Y no cabe que Dios se ocupe de su propio ser equivocadamente.

El secreto está en el confiar.

Pero difícilmente se acepta pese a todo que Dios intervenga. Que Dios interviene pese a lo que vemos y tanto nos aterra.

Crucificaron a Jesús de Nazaret y nadie lo ayudó. Desintegraron a 300.000 japoneses y nadie los ayudó. Gasearon a 6 millones de judíos y nadie los ayudó. Nadie ayudó a los que torturó Videla, a los 30.000 NN, los ningún nombre. Nadie ayuda a los que están muriendo en Bosnia-Herzegovina.

Y el cura párroco me dijo: lo de los japoneses estuvo bien: aprendieron una lección.

Aborrecí a los clérigos eclesiásticos.

En el documental de la National Geographic dedicado a los ariscos chimpancés y a Jane Woodwall, una epidemia de polio afecta a los animales, que se arrastran paralíticos y mueren. ¿Acaso prueba Dios a los chimpancés?

¡Qué doloroso, este mal humano gratuito, el sufrimiento; e incomprensible!

Si el hombre aprende padeciendo, experimentando el dolor, ¿aprende también el chimpancé?

Lo que el hombre entiende por dolor y mal; no lo que por ellos entiende Dios.

¿Acaso siente Dios? ¿Cómo siente Dios?

Fácilmente se cae en la tentación de ver a Dios como máquina insensible, como fuerza impersonal e inhumana, como apisonadora que indiferente todo lo arrolla.

¡Qué distancia, la que separa de Dios al hombre!

¡Qué soledad, la de los hombres!

Sin embargo, siendo todo Dios, imposible es aceptar indiferente a Dios, el desamor divino.

Dios debe sentir; pero no sabemos cómo siente. Y nos duele.

58. EL PROBLEMA DEL SER.

La conciencia es la existencia. Se es consciente siendo existente.

Diciendo las cosas existen porque Dios es consciente de ellas, damos a entender que existe uno, Dios, consciente, y otro, las cosas, objeto de su conciencia.

También distinguimos entre Dios y cosas cuando decimos que Dios da existencia a las cosas siendo consciente de ellas.

No es así. La conciencia es la existencia. O la existencia es la conciencia.

El existir equivale a ser consciente, es ser consciente.

Del modo en que Dios es consciente concluí que no cabe saberlo, puesto que impensable en Dios el modo reflexivo, la dualidad de uno que es consciente y otro del que se es consciente. Se evita la dificultad identificando el ser consciente con el existir.

Puesto que dado de antemano, el hombre no es libre.

Dicen: el mundo llamado real u objetivo, el mundo aparte del hombre, independiente de él, no existe; el hombre lo crea actuando sobre él. Dirigiendo la atención sobre él, el hombre crea el mundo. Si no hubiera yo, que soy consciente del mundo cuando sobre él dirijo la atención, no habría mundo.

¡Qué disparate! Tú eres temporal; antes de ti, otro fue consciente del mundo; después de ti, otro lo será. Fuera de ti hay un mundo, lo hay fuera del hombre, un mundo objetivo.

Mas no hay un yo y un uno hoy ya muerto que me ha precedido, y un uno aún no nacido que me seguirá.

El anterior, yo y el posterior, no somos tres mentes diferentes, sino una única mente universal. No existe un mundo enfocado sucesivamente por tres mentes temporales, sino un mundo enfocado eternamente por una mente única necesaria.

Si el mundo existe sólo cuando dirijo la atención sobre él, existe cuando la mente única eterna es consciente de él. Pero la mente mía, la mente universal, ha sido eternamente consciente del mundo, por lo cual el mundo ha sido eternamente uno con esa conciencia simultánea de él; de lo que se concluye que el ser o existir y el ser consciente son indisolubles.

El existir es ser consciente. El ser consciente es existir.

El modo de ser consciente Dios es el ser. Dios es consciente del mundo siendo el mundo.

Sencillo, aunque sorprendente.

Dicen físicos de talla: el mundo no existe hasta que le presto atención. No hay ahora un átomo existente y sobre él orbitando un electrón, sino que cuando en el laboratorio busco ese electrón y sucede algo que me lleva a exclamar que lo he encontrado, lo he creado; lo creo yo, creo ese electrón que está orbitando. No lo hallo, antes oculto; lo creo. El buscarlo equivale a crearlo. Creo el mundo ocupándome de él.

Se dice pues: creo yo mi realidad; y soy libre, puesto que con mis actos creo el mundo.

Pero mis actos son mi conciencia. Y mi conciencia no es la mía, sino la otra única. Eterna e inmóvil.

59. LA CASTIDAD

Los que se han encargado de ello definen la castidad como **"la virtud del que se abstiene de todo goce sexual ilícito"**; y también **"la continencia absoluta"**, tomando por continencia sexual **"la virtud que consiste en mantener dentro de límites prudentes tal placer"**; así como **"la abstinencia del mismo"**.

Difícilmente se establece sin arbitrariedad lo que en el goce sexual es lícito; y si uno limita el placer prudentemente o no.

Confiemos en la naturaleza, y en que ella nos advierta de cualquier exceso y desmesura.

Mas cuando los que representan a la Iglesia recomiendan a sus fieles sean castos o se lo imponen, parecen entender por ello no que se use moderadamente del placer carnal, sino que uno se abstenga de él completamente.

Mas ya recomienden ellos sólo el moderarse o pidan el abstenerse por completo, exaltan la condición célibe del varón y la virginidad de la mujer. Y añaden que evitando el placer carnal, se eleva el hombre a un nivel del ser más alto que el común, y se asemeja más a Dios; y que el hombre está en el mundo para perseguir tal semejanza.

Y no comprendo yo por qué Dios habría de anhelar del hombre que se le pareciera, y haberlo creado para ese fin. Si lo hubiera querido de nivel más alto, tal lo hubiera hecho.

Dios quiere al hombre, al ser humano, tal como ya es: no le fijó ninguna meta; y a cada uno de los hombres, tales como son. Los eclesiásticos yerran diciendo que Dios lo quiere superior a lo que es.

Tampoco comprendo por qué absteniéndose del placer carnal es superior el hombre a lo que es si no se abstiene. Si todos los humanos se abstuviesen de ese placer, se acabaría la especie; y no ninguna especie se elevará a un plano superior suicidándose.

Queriendo Dios del hombre esa supuesta superioridad, querría que desapareciese como especie; y no se entiende por qué se tomó la molestia de crearla, si aspira a que no exista, o si espera de ella que se acabe por iniciativa propia.

Dios quiere del hombre que sea cabalmente lo que es: individuo de la especie humana; quiere de él que nazca, crezca, transmita la vida de la especie y finalmente muera. Dios no quiere casto al hombre: lo quiere transmisor de vida. Y puesto que la virtud consiste en acomodarse fielmente a los designios de Dios, será virtuoso el que más se reproduzca, y no el más casto.

Los eclesiásticos cristianos nos instan pues a que seamos virtuosos yendo contra la naturaleza; nos empujan al vicio contra natura de mantenernos castos, de abstenernos del placer carnal, de no reproducirnos, de suicidarnos.

A poco inteligentes que se los suponga, nuestros eclesiásticos saben que el humano tiene que yogar; que está en el mundo principalmente para éso; que Dios lo hizo para que yogando transmitiese la vida.

Pero sostienen lo contrario, y diciendo aquello de que más vale casarse que quemarse, elevan por encima del simple mortal, aquel que debidamente se une a la pareja en el coito, a los que ellos arbitrariamente califican de escogidos, hombres que con otros hombres viven en un monasterio, y mujeres que igualmente conviven con sólo mujeres; y para dorarles la intragable píldora y procurar que viviendo contra natura no enloquezcan, los enaltecen caprichosamente, los declaran superiores a los otros, y más que ellos cercanos a Dios y elegidos de la Divinidad.

Los eclesiásticos, así adulándolos y tras haberles mentido descaradamente acerca de lo que Dios quiere y de los fines que supuestamente al hombre señaló, llevan a tales elegidos a que ciegamente los sirvan, los hacen amarse esclavos y los transforman en pasivos instrumento y herramienta. Se burlan de ellos, los privan de la libertad y de dignidad.

Todas las organizaciones de la religión condenan en sus adeptos el acto carnal, y exaltan el estado célibe. Dado que el hombre se humilla dócilmente ante cualquiera que trate de imponérsele privándolo del goce carnal, mueve a los eclesiásticos, a nuestros eclesiásticos, el afán de dominar a sus ovejas, antes que su bien y el amor que por cada una de ellas dicen sentir.

Los mandos de todas las Iglesias, de todas las comunidades que adoran a un mismo dios, que se arrogan la facultad de representar a Dios, de llegarse más a El que el vulgar adepto, y de enlazar con Dios al hombre, lo esclavizan.

El hombre armónico con Dios, el hombre entero, es precisamente aquel que humildemente consiente en fornicar antes que en buscar la perfección huyendo del coito.

60. ¿POR QUÉ EL SER HUMANO HA DE ELEVARSE?

La gente en general cree fácilmente que teniendo algo de Dios, el ser humano se asemeja a Él, y que Dios lo ha creado para que se esfuerce en parecérsele; y también lo espera. Que Dios hizo al hombre tal como ya es, puso en él germen de algo mejor, más semejante a lo divino, y ahora espera sin intervenir a que él, esforzándose voluntariamente, lo desarrolle y realice.

Me sorprende.

Se es en general creacionista.

Esta creencia no concuerda con lo que la teoría de la evolución concluye. Según ella, primero fue un común tronco reptil, del que con el tiempo salieron los mamíferos, y de éstos, una arcaica musaraña, que dio luego lugar a los primates y finalmente a los bien diferenciados hombres y monos antropoides.

Sin solución de continuidad, insensiblemente algunos reptiles se transformaron en primates, y los primates en el hombre actual.

No cabe pues hablar aquí de un Dios que a su imagen y semejanza crea al hombre y lo dota de la tendencia y el deber de gradualmente más asemejársele.

Mas para los creyentes cristianos, hubo un antes, los animales sólo, parte de la naturaleza dicha bruta, no trascendente, nada semejante a Dios, carente de cualquier aspiración a divinizarse y no sujeta a ningún deber de procurarlo. Después, la especie humana, con todas las características arriba mencionadas. Dios creó al hombre originalmente tal como ya es.

Y el hombre no es un animal como los otros, sino un animal con alma, un animal divinizado. Por eso Dios espera del hombre se esfuerce en desarrollarse y parecérsele y no lo espera igualmente de la rana o del caballo. El alma, puro espíritu añadido de que carecen los otros animales.

Mas de ser cierta la teoría evolutiva, el hombre es sólo un animal más. Y si Dios no espera de los animales que se eleven y se le acerquen, tampoco lo esperará del hombre. O lo espera de ellos, puesto que continuamente se ha avanzado, desde el aminoácido y la ameba simple primordial hasta nuestros días, con lo cual la rana y el caballo se hallan en camino de ser algo superior equivalente al hombre; y cuando lo sean, se les exigirá lo que ahora al humano se le exige. La diferencia estriba en que con respecto al hombre, Dios espera él sea el motor; en tanto que tocante a otras especies inferiores, la cosa sucede automáticamente y de por sí.

Razonando no se concilia lo inconciliable.

O se acepta la evolución, o se acepta la creación.

La evolución es plausible y se la comprende fácilmente y se la acepta. La creación es objeto sólo de la fe, y no se la comprende.

Un autor señala lo que de verdad universal hay en la Biblia, y dice una y otra vez que se asemeja más a Dios, al dios bíblico, aquel humano que desarrolla en sí, voluntaria o inconscientemente, las cualidades, exclusivamente humanas, tras serlo en Dios excelsas, del amor y la justicia.

Los animales no aman, y ninguno es justo.

Atrevidamente se concluye.

Difícilmente nos acordamos los humanos en lo que sea amar; más aun en lo que sea la justicia o mostrarse justo. Pero no tan difícilmente atribuimos esos rasgos al delfín, al chimpancé, a la ballena e incluso al pulpo y a la mosca vulgar.

Por fortuna, por esta vez aquel autor no inviste a Dios con el rasgo de ser especialmente casto, y se conforma con hacerlo justo y amoroso. Aun fornicando a mi sabor, me cabe aspirar a parecerme a Dios y cumplir con mi deber de asemejármele, puesto que el fornicar no me impide desarrollar en mí la capacidad de amar y de ser justo.

Manía, este deseo loco de separarse de los animales, de establecer brecha insalvable entre ellos y el humano ser, de negarlos como semejantes, embarcados en el mismo bote que nosotros, hermanos, y aun superiores al hombre en algún aspecto.

Y me lo parece más, y también abuso, ese no quererse lo que ya se es, pura especie humana, sea lo que sea lo que el ser la tal especie signifique; y en su lugar, querer ascender a Dios y asemejársele. Pues querer ser Dios, es querer dejar de ser humano. Y tal cosa es aspirar a suicidarse; si no a morir temporal y corporalmente, sí en cuanto a la naturaleza.

Y no se concibe fácilmente que Dios haya dotado al hombre con semejante aspiración.

Dios hizo al hombre lo que es, especie biológica más; y otra cosa no le pide que perpetuarse como especie. Si con el tiempo el hombre muta y asciende en la escala evolutiva, se habrá transformado en otra cosa; pero siempre algo en el mundo; nada de tornarse ángel inmaterial.

En cuanto a lo que Dios se propuso haciendo el mundo y creando evolutivamente en él tantas especies, y a lo que por fin todo ha de llegar a ser, nunca lo sabremos ni hay por qué.

Dios hizo las cosas con arreglo a un plan. Mas en esta vida, nadie ha de alcanzar a conocer el plan divino.

Tal vez en la otra.

El problema todo aquí planteado deriva de imaginarse a Dios como algo ajeno al hombre, aparte de él; nace del llamado dualismo, del tener por dual la realidad. Del dividirla en espíritu y materia.

De separarla en sujeto y objeto.

Mas no hay dos: sólo hay uno. Razón y dualismo son inconciliables. Y si la razón vale de algo, si razonando se alcanza la verdad, Dios y el mundo no son dos diferentes, pues serlo equivaliera inadmisiblemente a poner lado a lado a Dios y a lo no-Dios; y no cabe a Dios coexistir con lo no-Dios.

Sólo existe Uno, Dios.

61. EL GATO DE SCHRÖDINGER.

Al parecer, Schroedinger, hombre de la ciencia física, especulando con los conceptos, imaginó un experimento.

Dado que según la mecánica cuántica los sucesos acontecen sólo probable, y no necesariamente, un átomo dado de un elemento radiactivo decaerá o no emitiendo una partícula conforme a determinada probabilidad. En el experimento del gato, la probabilidad de que uno dado de tales átomos, un determinado átomo del conjunto de ellos, se desintegre en un tiempo establecido es del 50 %. O se desintegra o no se desintegra. Son acontecimientos igualmente probables.

Se encierra en una caja hermética un gato vivo y una ampolla de veneno, de tal forma que, si se desintegra, el átomo en cuestión acciona un detector que activa un martillo que rompe la ampolla y el gato muere envenenado.

Para el ordinario pensar, pasado el tiempo hay un 50 % de probabilidades de que el gato esté vivo y un 50 % de que esté muerto; si el átomo se desintegró, el gato habrá muerto; si no se desintegró, el gato vive. El gato, o está vivo o está muerto: al abrir la caja lo sabremos.

Pero según interpretan la teoría cuántica y a Schroedinger aquellos que los vulgarizan, el átomo ni se desintegra ni deja de desintegrarse; y hasta que el observador mira dentro de la caja, el gato no está ni muerto ni vivo, sino en un estado indeterminado.

Nada es real a menos que se lo observe.

Quienes así los interpretan hacen decir a Schroedinger que las cosas existen solamente si el observador es consciente de ellas, y sólo mientras es consciente. Tomando conciencia de las cosas, el observador hace que existan.

Yo he dicho que la conciencia de Dios es la esencia. De acuerdo con ello, las cosas existen eternamente porque Dios es eternamente consciente de ellas. Y dado que Dios y las cosas, el universo, son uno solo, Dios, las cosas, existen eternamente porque conscientes de sí mismas; porque conciencia y existencia son una sola cosa. En tanto que para el hombre existen sólo temporalmente, mientras es consciente de ellas y solamente entonces.

Por eso se dice plausiblemente que el gato sólo está muerto o vivo cuando el observador lo ve. Antes, no está ni muerto ni vivo.

Pero todos sabemos que necesariamente sí lo está, una de dos, o está muerto o está vivo, y quienes vulgarizan a Schroedinger, o tal vez él mismo, nos están embromando a lo sofista.

Pues se interpreta equivocadamente al físico. Es verdad que en un momento dado no se sabe con certeza cuál de los átomos posibles va a desintegrarse. No se predice qué átomo individual se desintegrará y cuando se desintegrará. Pero se sabe en cambio, ciertamente, que pasada la vida media del elemento en cuestión se habrá desintegrado la mitad de sus átomos.

Así pues al cabo de ese periodo la trampa habrá funcionado y el gato estará muerto, si lo veo como si no lo veo.

62. LA ESENCIA DEL HOMBRE

Nuestros filósofos disputan: ¿Hay cosa tal como una esencia del hombre? ¿Cabe el referirse a la naturaleza humana? ¿Se hablará de una naturaleza tal que se la dañe?

Responden unos: en el hombre cabe hablar de esencia, porque un Creador lo creó repentina y gratuitamente tal como es. Lo creó diferente de todo lo demás. Hay pues en él algo permanente que sin remedio lo distingue de lo otro. Su esencia.

Responden otros: no hay tal cosa como "la esencia del hombre"; en el hombre no cabe hablar de esencia. Porque lo que por hombre entendemos, cambia.

En sólo un millón de años ha habido del género "homo" al menos tres especies: el homo erectus; el homo neandertalis, y hoy el homo sapiens sapiens. No cabe hablar pues de una esencia del hombre, puesto que ha habido tres especies hombre diferentes.

Pero es que el hombre cambia externamente, cambian su estructura o su anatomía; pero no cambia en él algo inmaterial y por lo cual es hombre y no otra cosa - se arguye.

Todos ellos preconciben un concepto de esencia: para ellos, la esencia es algo intangible, acaso un alma, que añadida al animal lo diferencia de él indiscutiblemente.

¡Que sí, que hay alma! ¡Que no, que no la hay!

Entienden por esencia algo que hace que el hombre se comporte como hombre y no como otra cosa. Confunden el "ser" con el "conducirse como"; o con el "aparecer como".

Diciendo: el hombre no es un orangután; o el hombre no es un árbol ni una piedra, se señala en puridad que no se comporta como ellos, o que en la apariencia externa no se les asemeja.

De ese modo también se los separa, y estableciendo entre ellos una brecha, esto "no es" aquello, se confunde el "no ser" con el "estar separado" o el "existir aparte".

En el diccionario se define **Esencia** como la <u>naturaleza propia y necesaria, por la que cada ser es lo que es, conjunto de sus caracteres constitutivos.</u>

Se dice que el hombre no "es" el gorila. Los caracteres humanos, el tamaño craneal, la pilosidad, el aparato fonador, no son los del gorila. Mas el verbo "ser" no significa lo mismo que "estar constituido" de idénticos órganos y huesos.

No se define el concepto detrás del verbo ser. Algo "es" cuando "lo hay". ¿Hay Dios, el Ser necesario y eterno; el que siempre hubo? Dios es. ¿No hay Dios? Dios no es.

Si se acepta el concepto académico de esencia, cabe la discusión. Y cabe hablar también de la esencia del orangután, la de la mariposa, la del alcornoque, la del penedo de san Cibrán... A cada cosa, a cada especie corresponde una esencia particular, porque nada hay idéntico a nada y todo se diferencia de todo lo demás.

¿Qué hace hombre al hombre y no jirafa, chimpancé o mosca del trigo? Su esencia - se dice.

Y no se separa el concepto de esencia del de creación.

Si hubiera esencia del hombre, no cupiera hablar de evolución; el hombre hubiera sido siempre, desde un momento original, el mismo que ahora es. Mas dado que el hombre surge porque las especies evolucionan, y que evoluciona el mismo hombre, no cabe hablar de nada permanente en él: no lo hay.

Si hoy fácilmente se distingue al ser humano del gorila, no era así cuando el común tronco primate estaba a punto de escindirse en póngidos y homínidos. Ni se ve cómo se pasó de la esencia del tronco común a las dos nuevas esencias divergentes.

Cabe negar con los evolucionistas que exista nada como la tal esencia del hombre, frente a los otros, para quienes un Creador creó repentina y gratuitamente las esencias particulares de todo lo que específicamente existe.

Mas no cabe discutir si tomo por esencia de algo no aquello que lo diferencia de todo lo demás, sino lo que la cosa es en su último trasfondo; la incognoscible cosa en sí.

¿Qué soy yo? ¿Qué es la cosa en sí del ser humano? ¿Qué es su esencia así entendida? Soy lo que son una masa de átomos que pesa 75 kg. Mi esencia es la de los átomos que me constituyen. Soy "en sí" lo que ellos son. Y me hace ser humano y no jirafa, pongo por caso, el número de esos átomos y su mutua relación.

La esencia, el ser en sí de un animal de 75 kg y la mía son idénticas; pues en último término constituyentes idénticos componen todos los átomos, aun diferentes ellos. En lo más profundo sólo hay un Uno. El chimpancé y yo nos diferenciamos en que los átomos que nos forman, las partículas comunes subatómicas, se relacionan de manera diferente según el caso.

En este sentido, el de la cosa en sí, hay naturaleza humana, esencia del hombre; y nada impide que las especies evolucionen.

El hombre, el chimpancé, el dromedario... todos comparten una naturaleza última y definitiva, la del Uno último, la de Dios. Las distinciones, lo que hace que el hombre se comporte diferentemente a la hormiga o la jirafa, dependen de como los átomos respectivos se relacionan específica y mutuamente. En ese sentido nuestras naturalezas respectivas difieren y existen separadamente. Al mismo tiempo el hombre cambia y evoluciona biológicamente: con el correr del tiempo los átomos se relacionan de modo distinto.

Cambia la naturaleza, cambia la esencia, si por tales entendemos el modo como se relacionan específicamente los constituyentes últimos; y no cambian, si consideramos la cosa en sí, el en-soi de tales constituyentes.

Y si nuestra esencia así considerada es común y eterna, invariable, en nada se diferencian hombre y animales. En nada en cuanto a su esencia profunda; sólo se diferencian en lo tocante a sus capacidades.

Según las circunstancias se contenderá, y se hablará o no de la naturaleza humana. Se hablará, si atendemos a como se relacionan los átomos. No se hablará, si atendemos a su cosa en sí. En cuanto a ésta, nada ha cambiado, desde la sopa primordial de partículas hasta la actualidad, desde la ameba al hombre; no hay naturaleza específicamente humana. En cuanto a las relaciones y capacidades, hay cambio del animal al hombre, no son la misma cosa; hay naturalezas respectivas.

Si no se aclara qué se entiende por esencia, inútilmente se discute acerca de si la hay o no la hay en el hombre. Si esencia es lo que hace hombre al hombre y no lo hace piedra, esencia es relación. En tal caso la dicha naturaleza humana es el ser histórico del hombre; pues en cuanto relación, el hombre es su historia, el hombre apareció históricamente. Mas en cuanto cosa en sí, el hombre es inmutable, pues lo son sus constituyentes últimos.

Se dice también: hay naturaleza humana, hay esencia del hombre, porque el hombre es consciente de sí mismo; lo hace hombre el ser consciente de sí mismo. Todo lo demás, los animales, digamos, no son hombre porque les falta esa capacidad. Hay pues naturaleza humana.

Mas nadie demostrará que todo lo demás, lo que no es hombre, sea inconsciente del mundo restante. Se prejuzga atribuyendo a los animales y a todo lo demás inanimado la falta de aquella cualidad. Jamás sabremos de qué modo es consciente el resto de lo existente.

Añado: dado que la cosa en sí de todo lo existente es una; dado que los mismos constituyentes últimos, iguales de unos seres a otros, forman todo lo existente, que sólo difiere en la cantidad de ellos, cabe que la conciencia de todos los seres, aparentemente distintos, sea una y la misma para todos; sin más que aceptar sea la conciencia propiedad de aquellos constituyentes últimos.

Pero se dice: no, la cualidad de ser consciente sólo aparece cuando los átomos constituyentes se han organizado de determinada forma. Cuando se ha alcanzado determinado grado de complejidad, brota la conciencia.

¿Qué grado de complejidad? ¿Cuál es el punto de no retorno, adelante sólo conciencia, detrás sólo inconsciencia? ¿Cuál es la frontera entre la complejidad humana y la no humana? ¿Dónde y cuándo termina el animal y empieza el hombre?

¿Dónde termina lo inanimado y empieza lo viviente?

Una de dos: o no existe la naturaleza específicamente humana y la esencia del hombre es común a todo lo creado, sólo hay una esencia, la del Todo, la de Dios; o existe, la del hombre histórico, y varía de los hombres de una época a los de otra diferente.

Mas en el primer caso, el hombre no dañará su naturaleza, puesto que no existe en él una específica original dañable. No se atentará contra la naturaleza humana, no se la perjudicará, no se la contrariará.

Tan sólo se la dañara si ordenándose específicamente el substrato original produjera un modo de ser dado. Lo que no cabe y es absurdo, si los seres han evolucionado gradualmente hasta llegar al hombre.

Mas aquí conviene atender a lo que se entiende por naturaleza. La naturaleza del hombre no le permite comer hierba, porque sus órganos no están hechos para ello. La naturaleza del hombre no es pues la de un rumiante. Ni tampoco la de un pájaro. Aquí la naturaleza es el conjunto de rasgos que lo capacitan para conducirse como hombre y no como otra cosa. En este sentido, se daña la naturaleza humana. Se la deforma. El hombre no nace como animal depredador; pero se lo hace tal. El hombre no nace destructivo, porque depende de todo y de todos y destruyendo a los demás y lo demás arriesga la vida. Pero educándolo convenientemente se lo convierte en destructivo.

Así entendida, la naturaleza del hombre es dañable. No así la esencia, la sustancia.

63. DE QUE MANERA AMA DIOS

Dios ama todo, porque se ama.

Puesto que todo es Dios, amándose Dios ama todo.

Necesariamente; porque no se concibe algo que originalmente no se ame.

La dificultad estriba en que aparentemente Dios nos desama. ¿Me ama Dios? ¿Me ama Dios a mí, ser humano, a primera vista tan innecesario y contingente?

A menudo esta pregunta nos desanima; pues Dios ha parecido insensible ante los padecimientos y dolor de tantos humanos; y entendemos por amar el compadecerse de quien padece esos males. Al parecer Dios no alivió la agonía de tanto torturado, tanto quemado vivo, tanto gaseado en las cámaras de gas, del desintegrado japonés, del Jesús crucificado, de tantos que solos y en silencio padecieron.

Estos ejemplos nos entristecen y dudamos de Dios. Dios no nos ama; somos para él indiferentes; Dios nos es hostil; es insensible a nuestros padecimientos.

Pero la idea de Dios como insensible máquina ante todo lo existente, nos repugna. Un Dios que carezca de la cualidad que llamamos capacidad de amar, nos repugna profundamente.

Dios existe, no puede menos que amar todo lo existente, y sin embargo no parece que lo ame. Por lo tanto tiene que amar de una manera que no corresponde a la esperada, a lo que previamente imaginamos al respecto.

Dios nos ama, y a todo lo existente, no a la manera que nos imaginamos, sino a otra, peculiar.

Con esa premisa, Dios nos ama, porque indiscutiblemente se ama. No veo manera mejor de demostrar que Dios nos ama.

Nuevamente, la visión dual ha originado la dificultad, ha creado el problema. Si separamos a Dios de las dichas sus criaturas, difícilmente admitimos que las ame. Dios parece no amar; si amar es lo que por amar entendemos, el que un ser ame a otro ajeno y diferente.

Mas si el amar es amarse, la dificultad desaparece.

Forzosamente Dios se ama. Pero Dios es todo. Nosotros, englobado en este nosotros todo lo creado, somos Dios. Por consiguiente Dios ama, Dios nos ama.

Aunque no a la manera nuestra de uno que ama a otro.

64. ¿PARA QUÉ EXISTE EL HOMBRE?

Si Dios ha asignado al hombre un cometido, a saber, transmitir la vida; si de él quiere que nazca, se reproduzca y muera; si tal finalidad le ha marcado, no se explica que también mueran los niños, que también mueran los adolescentes, mucho antes de que hayan cumplido su destino.

Para Dios no importa el individuo, sino la especie. Y puede que ni ésta; dado que tantas especies se han extinguido.

Puede que para Dios no importe nada que no sea el propio acto de ser. Que Dios se satisfaga sólo siendo. Que el único fin de Dios sea el ser. Ser Él. Ser ilimitadamente. Y que a sus ojos tanto valgan las eras en que sólo había el mineral, como estas otras de la vida animal; o las por venir, de tal vez estrellas apagadas.

Dios no se apega a sus formas.

En el Todo, en la totalidad, el hombre no significa nada especial; ni colectiva, ni individualmente.

65. YO QUIERO QUE ASI SEA

Me ha sucedido un percance. Me he arruinado. ¿Ha intervenido Dios? ¿Lo ha querido Dios? ¿Es Dios el autor?

En seguida me vinieron a la mente muchos ordinarios pensamientos: que Dios no se mete en esas cosas terrenales; que para Dios éso no importa; que Dios no se rebaja a ocuparse de pequeñeces tales; que Dios se mantiene al margen de tales fruslerías; que en tales materias hay que olvidarse de Dios y tratar de enjugar humanamente, con las fuerzas humanas, la dolorosa decepción de la catástrofe; y así por el estilo.

Pero gradualmente y cada vez más nítido se perfiló en mí un deseo: quiero que Dios intervenga en mi vida, aun en lo terrenal, aun en lo poco importante. Quiero que todos los sucesos de mi vida, todos sus movimientos, incluso el menor suspiro y emoción y acontecimiento baladí sean obra de Dios, intervención de Dios.

Quiero ver justificada toda mi vida.

Quiero que en mí exista sólo Dios y nada exista yo. Lo quiero.

No importa que tal vez no sea así. Ante la incertidumbre, prefiero que sea de ese modo.

Rogué entonces mentalmente a Dios me iluminara en la ignorancia; que de algún modo me diese a conocer, me asegurase, que Él intervenía.

Y al cabo de unos momentos creció vívida en mí la seguridad de que sí, de que todo está en manos de Dios, todo; y que hasta el cabello más sutil no cae de la cabeza sin que Dios esté presente a su caída. Y busqué y leí la historia que sigue a este capítulo: ¡No juzgues! ¡Nada des por hecho! ¡No te pronuncies!

Leí la historia; y pensé: tal vez no sea así; ciertamente no lo sé; no lo sabré jamás.

Pero no importa éso.

Basta con que yo quiera que sea así.

Aunque pensar que Dios pende de mí sea excederse.

66. ¡NO TE PRONUNCIES!

En una aldea, hace mucho, mucho tiempo, vivía un anciano. Aunque muy pobre, incluso los reyes lo envidiaban, porque poseía un hermoso caballo blanco; uno como nunca se viera otro semejante, compendio de fuerza, belleza y lozanía.

Muchos codiciaban aquel animal extraordinario, y por él le habían ofrecido sumas fabulosas. Pero el anciano siempre había respondido: no lo veo yo como un simple caballo; no lo es, es una persona; y nadie vendería a una persona. Es amigo, no cosa que me pertenezca; y nadie vendería un amigo. No; imposible; no me desharé de él.

Era pobre y lo tentaban; pero no vendió el animal.

De pronto, una mañana, el caballo no estaba en el establo. Los aldeanos se juntaron y decían: oh, hombre desavisado, lo sabíamos, te lo advertimos; que cualquier día te robarían el caballo. Y siendo tú tan pobre y tan valioso él, ¿cómo lo guardaras? Mejor hubieras hecho vendiéndolo. Te hubieran dado el precio que quisieras, el que hubieras pedido. En cambio ahora te lo han robado. Ha sido una desgracia. ¡Qué mala suerte!

Mas el anciano respondía: ¡Calma! ¡Calma! No os precipitéis; decid tan sólo que el caballo no está ya en el establo. Es lo único indudable; lo demás es suponer. En cuanto a si es desgracia o no, ¿quién lo sabe? ¿cómo juzgarlo?

La gente dijo: No nos confundas. Puede que no seamos grandes filósofos, pero aquí sobran las filosofías. Has perdido un precioso bien; y éso es desgracia.

Respondió el anciano: seguiré ateniéndome sólo al hecho escueto de que el establo está vacío y de que el caballo se ha ido. En cuanto a lo demás, lo ignoro - si se trata de una malaventura o de una bendición - porque ésto es solo parte del todo. ¿Quién sabe qué vendrá después?

La gente se echó a reír y pensaron que el anciano chocheaba. Lo habían sabido siempre, que estaba un poco loco, pues de lo contrario hubiera vendido el caballo y ahora viviría ricamente. Pero se empeñaba en ser un pobre leñador, en cortar leña en el bosque para venderla en la aldea. Vivía de un día para otro, miserablemente, en la pobreza. Desvariaba, no cabía duda.

De pronto, una noche, pasados quince días, el caballo regresó. No lo robaran: se había escapado al bosque. Y no sólo había vuelto, sino que había traído con él una docena de otros caballos sueltos.

Otra vez se juntó la gente y ahora decía: anciano, tenías razón, nos equivocábamos. No ha sido desgracia; ha sido bendición. Sentimos haberte llevado la contraria.

Respondió el anciano: de nuevo vais demasiado lejos. Decid tan sólo que el caballo ha vuelto y con él ha traído otros doce; pero no juzguéis. ¿Cómo saber si se trata de una bendición? Es sólo una parte. A menos que conozcáis toda la historia, ¿cómo os pronunciarais? Leéis una página del libro, ¿y ya opináis del libro todo? Si en ella leéis sólo una frase, ¿juzgaréis la página entera? En la frase leéis tan sólo una palabra, ¿cómo juzgarla toda? Y ni aun una palabra es suficiente - es tan vasta la vida! Pero con un fragmento de una palabra ya juzgáis el todo! No digáis que ha sido bendición; nadie lo sabe. Y me gusta ser de esta manera, este no pronunciarme en nada. Dejadme en paz.

Esta vez la gente no supo qué decir; tal vez el viejo volvía a tener razón. Así que callaron; pero íntimamente sabían bien que aquel hombre se equivocaba. Doce hermosos caballos cerriles habían venido con el otro escapado. Bastaría con domesticarlos para que se los pudiera vender en la feria y sacar mucho dinero.

El anciano tenía un hijo joven, un único hijo. Este hijo comenzó a adiestrar los salvajes caballos; pero pasada apenas una semana se cayó de uno de ellos y se rompió las piernas.

De nuevo la gente se juntó y otra vez se pronunció. ¡Tan fácilmente se pronuncia uno! Y dijeron: tenías razón; de nuevo estabas en lo cierto. No fue bendición; ha sido desgracia. Tu único hijo se ha roto las piernas, él, que era tu solo apoyo en la vejez. Ahora sí eres más pobre que nunca.

A lo que el viejo respondió: Verdaderamente me asombráis. Os obsesiona el pronunciaros. No vayáis tan lejos. Limitaos a decir que mi hijo se ha roto las piernas. ¿Cómo saber si se trata de una desgracia o de una bendición? No se sabe. De nuevo es un fragmento, y nunca se nos da más de un fragmento. Se nos ofrece así la vida, por partes; y sólo cabe juzgar de la totalidad.

Pasadas unas semanas el país declaró la guerra a otro vecino, y se obligó a todos los jóvenes de la aldea a alistarse en el ejército. Sólo se libró el hijo del anciano, porque estaba inválido.

La gente se juntó, y lloraba y se lamentaba porque no había casa de la que no se hubieran llevado a la fuerza algún joven. Y de seguro no regresarían; porque el país enemigo era grande y la guerra estaba perdida de antemano. No volverían nunca.

Toda la aldea lloraba y se quejaba, y vinieron a donde el viejo y le decían: Tenías razón, oh anciano; bien sabe Dios que la tenías toda; fue bendición. Tu hijo está baldado; pero está contigo. Mientras que los nuestros se han ido para siempre. Por lo menos él está vivo y te acompaña; poco a poco volverá de nuevo a andar; tal vez le quede un poco de cojera; pero por lo demás, estará bien.

Y de nuevo dijo el anciano: Imposible es el hablaros, gente; seguís y seguís dando en la misma tecla: siempre juzgáis. Nadie sabe qué sucederá. Decid tan sólo ésto: que se os ha arrebatado a vuestros hijos por la fuerza y se los ha llevado a filas; y que se ha dejado el mío. Pero nadie sabe si se trata de una desgracia o de una bendición. No se lo sabrá jamás.

Sólo Dios lo sabe.

67. IMPORTA LA VERDAD

Importa el saber vivir.

Durante incontables años de ansiedad, he querido vivir verazmente. ¿Cómo he de vivir? - me preguntaba inquieto. E incesantemente he leído e indagado para responderme.

Sólo hallé cacofonía.

Se me respondió de las más diversas maneras. Inútilmente, ninguna llegaba al fondo de las cosas, no eran más que particulares caprichosas opiniones.

Importa la verdad: importa vivir conforme a ella.

Vivir verazmente es vivir conforme a la naturaleza. Vivir conforme a Dios.

Es dejar que viva Dios en ti.

Ésa es la verdad; la única verdad.

68. Y POR FIN: LA LIBERTAD

Yo no soy; sólo es Dios; mi manera de ser, mis actos, mi modo de conducirme, son manera de ser, actos y modo de conducirse de Dios. Dios es a través de mí, se conduce en mí; me conduzca yo como me conduzca, sea yo quien sea en cuanto conducta, Dios es y se conduce en mí.

Dios es en mí a la manera en que yo soy. Dios se manifiesta en mí a la manera en que me manifiesto a los demás.

Difícilmente lo entiendo, si soy como no debo ser; si me manifiesto como no debo manifestarme.

Pero sólo a capricho digo que soy como no debo ser; sólo según la sociedad en que vivo creo debo ser de una manera dada.

Interrogándome, acepto que distingo sólida, racional y válidamente entre lo que se debe y lo que no se debe hacer.

La sociedad distingue por mí, y yo acato su decisión.

Mas la sociedad distingue arbitrariamente; Dios no ha sancionado nunca aquel criterio.

Fray Luis de León cuenta una parábola. Dialogan Dios y el santo Job; se queja Job:

-Pero Señor, ¿por qué me tratas con tal rigor? Siempre he respetado tus santos Mandamientos; siempre he hecho tu divina voluntad; te he obedecido en todo. Y ahora, me lo pagas así!

Le responde Dios: -¡Alto ahí! ¿De donde has sacado que obedeciéndome me complacerías? ¿De dónde que yo haya querido me obedecieras? Además, ¿por qué te muestras tan seguro de que los Mandamientos que consideras míos lo sean de verdad? ¿Quién te lo asegura? Nadie en verdad capacitado para hacerlo; y en todo caso, aun si lo hubieran sido, jamás he prometido premiarte si los cumples. Amigo, es tu problema. Si obedeces, es tu problema. Si escoges creer que haciendo lo que haces, conduciéndote como te conduces, me obedeces, es tu problema. Si esperas te lo retribuya, es tu problema. Jamás he prometido nada. Y nunca te he dicho que tenías que hacer esto o lo otro. Si lo has creído así, es tu problema.

Y cuentan que Job, convencido, bajó humildemente la cabeza.

Acertó, porque las cosas parecen ser de esa manera.

Dios es la anarquía absoluta. Dios no se conoce límites. Dios es ilimitadamente. Eterno y único, Dios es todo y todas las cosas. Por consiguiente, Dios no distingue entre bien y mal, entre ésto y aquéllo, tal como nosotros distinguimos.

Para Dios, todo, absolutamente todo, es bien, puesto que sin Él, nada es.

Sin embargo, difícilmente acepto que Dios haya sido Hitler, alguien que mata caprichosamente a 65 millones de otros hombres.

Sin contradecirse ni sentir remordimientos, Dios tortura y es torturado, es verdugo y víctima, es Jesús de Nazaret y su Pasión.

Siendo como soy, conduciéndome como me conduzco, haga lo que haga, soy como Dios es.

Pero Dios es, en mí, humano; y por lo tanto yerro siendo de modo que contraríe mi humano ser.

Dios es humano en mí, y con ello se limita a ser en mí humanamente.

El hombre es capaz de cualquier cosa, de las consideradas socialmente mayores perversidades. Pero aun así, Dios es en él de esa manera.

Puesto que Dios se encarna en mí, se manifiesta en mí, y que Dios es ilimitado, me cabe atreverme a ser ilimitadamente.

Dios no me condenará.

En todo caso, si me propaso, ese mismo Dios me destruirá; lo demás, también divino, me destruirá. Y esa experiencia destructora delimitará lo que me es dado y no me es dado hacer.

Fuera una manera de ser libre.

69. DIOS ES ILIMITADO

El ser humano está obligado a mantenerse en los límites que le fija su naturaleza. Si obra contra ella, decae y muere. Las consecuencias de sus innaturales actos lo castigan. No lo castiga Dios, una potencia externa, ajena a él, que sancionara el que se contraviniera leyes externas.

Dios no es externo y ajeno al hombre.

Dios no es potencia.

Dios no sanciona.

Dios no legisla.

Hay una naturaleza que limita.

Cabe contravenir esa naturaleza.

El contravenirla acarrea consecuencias desagradables.

Dios es ilimitado, pero no lo son aquellos seres en los que se manifiesta, aunque Dios sea esos seres. Aunque los seres en que Dios se manifiesta sean Dios, no son como él ilimitados.

Aparentemente distingo entre Dios y los seres en los que se manifiesta, pero con ello no abstraigo un Dios, Dios en potencia, del Dios concreto, Dios manifestado en seres. Ni separo de sus manifestaciones, materiales ellas, un Dios espiritual. Sólo manifestado existe Dios.

Dios se manifiesta ilimitadamente; pero al mismo tiempo los seres en que se manifiesta son limitados.

Dios es la totalidad de lo que existe, de lo que ha existido y de lo que tal vez llegue a existir. Dios existe ilimitadamente. Mas en cada una de sus manifestaciones, Dios es limitado.

Dios es limitado e ilimitado. Dios es ilimitación delimitada.

Por consiguiente, como ser en el que Dios se manifiesta, soy Dios limitado.

No se me permite todo. Algunos de mis actos posibles, los innaturales, me son actos tácitamente vedados.

Puesto que el hombre es especie biológica, y la finalidad de lo biológico es reproducirse, transmitir la vida, es innatural no depositar la semilla humana en el vientre hecho para recibirla. Es innatural el impedir la concepción.

Se extinguió los dinosaurios, un agente externo los extinguió. Se extinguirá la especie humana. Será acontecimiento natural, si la extingue un agente externo. Lo será innatural, si se extingue ella.

Para Dios no existen innaturales actos. Dios no está limitado.

Sí, lo está.

Los seres en que Dios se manifiesta están limitados; en ellos, Dios está limitado

Dios es ilimitadamente. Dios se manifiesta ilimitadamente en cuanto a las formas. Una vez manifestado en una de ellas, una concreta, Dios deja de ser ilimitado.

Así se concilia el ser de Dios, ilimitado, y las leyes de Dios, aplicables sólo a los concretos seres en que se manifiesta.

Aunque cuando hago algo, hace Dios en mí, si hago contra naturaleza, hago mal.

Así, el bien y el mal limitan a Dios, aunque sólo en mí, al que limitan. No cuento con licencia para hacer cosa que quiera, no la tengo para racionalmente dañarme, hay leyes que he de obedecer si no quiero dañarme.

Estoy sujeto a leyes.

Así se concibe la libertad al par que la responsabilidad.

Sólo soy libre para hacer lo obligado.

Cuando Hitler mata a seis millones de otros hombres, Dios los mata; pero un Dios que contraría las leyes que limitan al ser humano en que se manifiesta. Es Dios que hace el mal.

Si bien Dios haciendo el mal hace aquello que lo daña en cuanto hombre, no significa ésto que Dios pueda hacer libremente lo que le venga en gana, que el hombre - Dios - pueda hacer libremente lo que le venga en gana. Puede hacerlo, en cuanto capacidad, a cambio del daño que recibe, pero no puede hacerlo en cuanto a lo que sin consecuencias le está dado hacer.

Comportándose de esa forma, Hitler no actúa libremente. Ni nada lo justifica.

70. Y SUCEDIO DE ESTA MANERA

Entre los judíos apareció un profeta. Uno que exhortaba a las gentes a la mansedumbre y la renuncia, hasta entonces y en su entorno modos propios tan sólo de los budistas indios.

Los romanos lo mataron. Sus discípulos hablaban de él. Apareció Pablo de Tarso. Y vio que era posible utilizándolo introducir en el bárbaro Occidente una manera de pensar y de ver el mundo propia del Oriente.

Había que entroncarlo con la cultura que lo recibía. Haciendo de él un dios a la manera griega, un héroe o semidiós. Sembrando su vida de episodios que recordaban la griega religión. Así lo aceptarían fácilmente los intelectuales de la época.

Y de Jesús de Nazaret, hijo de un simple carpintero, se hizo la segunda persona de la trinidad santísima, ancestral tríada lunar.

El dios judío, Yahvé, era alguien muy distante, y difícilmente se lo trataba y con él se comulgaba. Había que acercarlo al hombre haciéndolo hombre. Tomando a un hombre mortal y haciendo de él persona del dios.

Ya no estaba tan distante aquel dios bíblico. Se lo había humanizado. Se accedía más fácilmente a él, más fácilmente se comunicaba uno con él.

Pero se ignoró la verdad. Se redujo todo a sustituir un dios cruel y sátrapa oriental autoritario por otro más humano y democrático. Más en consonancia con los griegos del momento.

Se siguió dejando de lado al verdadero Dios.

71. VAYA JUEGO DE MANOS. MENUDO MALABARISMO.

Nadie piensa en Dios, ni cree en él, ni de él se ocupa; el verdadero Dios, lo que lo explica todo, lo necesario.

Pero se cree en el Dios de la Biblia.

El Dios de la Biblia es cruel, arbitrario y prepotente; a regañadientes se admite que lo sea.

Curiosamente, se parece al <u>pater familias</u> de los romanos y al Zeus del Olimpo.

Entre los romanos el padre de familia tenía derecho de vida y muerte sobre sus dependientes; el Dios de la Biblia lo tiene sobre sus fieles. El poder de Zeus era absoluto e indiscutible. Se señala todopoderoso al bíblico dios.

Fácilmente se admite que se lo ha vaciado en el molde del padre de familia. Es un asunto de poder. De dominantes y de dominados.

En nuestra sociedad, el padre representa en la familia el poder de las autoridades. Antes que figura amorosa, el padre es figura autoritaria. Se lo condiciona para ser autoridad y reprimir en sí cualquier inclinación blanda que por instinto pudiera sentir. En una estructura de dominación, por fuerza el poderoso oprime y maltrata -oprimir es maltratar- a sus dependientes. Pero los dependientes a duras penas lo sufren. Y el poderoso es débil y vulnerable como ellos.

Entonces, para protegerse, el poderoso coloca sobre sí una instancia ficticia a la que rinde pleitesía. E insta al subordinado a que lo imite. ¿Ves como me inclino ante el Todopoderoso? - le dice.

Está por encima de los dos. Inclínate tú también. Si yo, que mando en ti, le rindo acatamiento, con razón has de acatarme tú. Yo me humillo ante él, humíllate tú ante mí. Somos iguales ante el dios.

Y añade: El rige este mundo. Está por encima de nosotros. Le debemos todo el bien y todo el mal que nos suceda. Si sufres bajo mi férula y te parece dura, no te quejes de mí, sino de él que manda en los dos.

El poderoso desvía de sí las protestas y el natural rencor del oprimido y los dirige a un ser lejano y misterioso.

En la familia, el padre es el poderoso más próximo. Como pararrayos de la legítima ira que siente contra el poderoso, se ofrece al dominado un Dios apartado, y al mismo tiempo se le imbuye la idea de que su padre lo ama.

Se confunde a los hijos. Contra la más crasa evidencia, se les dice que, sin que quepa discusión, el padre los ama. Es otra manera de desviar su sano deseo de rebelión ante el abuso a que el padre los somete.

Mas los hijos bien perciben que el riguroso padre antes que amarlos los domina. Entonces se les señala la figura celestial y se les dice, es vuestro padre, el dios que mora en las alturas; y el primero de sus mandamientos, amarlo sobre todas las cosas. Y se hace a este padre, el dios de la Biblia, duro y severo. Si el padre celeste trata a los hijos con ira y rigor, con más razón lo hará el imperfecto padre terreno.

Se consigue así doble provecho. Se lo señala como padre modelo de padres y se lo hace duro y riguroso; luego se impone a uno el mandato de amar a quien lo maltrata. Se obliga a los hijos a amarlo contra viento y marea; tal como se muestre. No cabe discutir a Dios; hay que amarlo tal como es. Hay que amar al padre, aun a ejemplo del otro cruel y severo.

El ser humano necesita creer buenos a sus padres, pues un niño, que depende de ellos para sobrevivir, sanamente no tolera la idea de unos padres malos que tampoco lo quieren. Puesto que no cabe un Dios malo y que no siempre tenga razón, con él y haciéndolo padre, se satisface la necesidad de creer en la bondad de los padres, por muy riguroso y duro que se muestre con los hijos y por mucho dolor y sufrimiento que les cause, y se encauza hacia una figura sanamente aborrecible el necesario amor. Dios es padre y bueno con independencia de sus actos y hay que amarlo.

¡Satisfecha la necesidad de creer en lo que los hechos desmienten, se induce a amar lo naturalmente odioso!

Amarás la autoridad sólo por serlo.

Vaya <u>tour de force</u>. Vaya juego de manos.

Poniendo en las alturas un trasunto del padre terreno, se justifica la conducta de este padre cruel y abusón.

¡Con la invención del dios del Sinaí, los hebreos justificaron a sus padres humanos, que abusaban de ellos!

No tomarás conciencia de lo mal que tu padre te trata. No creerás en ti, en lo que sientes, en lo que sufriendo tu ser te da a entender. Se te fuerza a reprimir las emociones que despierta en ti espontáneamente el mal trato que padeces y a reemplazarlas por las palabras que igualmente se te dicta.

Se te lava el cerebro; no atiendas a tus sentimientos, no dejes que ellos te lleven; atiende a las palabras del otro.

Te educaremos, te vaciaremos de ti, de lo malo que portas, tus justas emociones, y te llenaremos de nosotros, de lo que nosotros decimos. *For your own good* lo haremos!

Por tu propio bien.

72. NO SE QUIERE SIENDO LO QUE ES.

Alguien es y padece porque no quiere ser lo que es. Se contempla; ve que en estas o aquellas situaciones siente, reacciona y se comporta de un modo dado.

No quiere sentir, reaccionar ni comportarse así.

El pez no se quiere pez, se quiere otra cosa.

Alguien es de estos tiempos y lugares. En ellos se considera impropios en tales situaciones, sentir, reaccionar y conducirse de ese modo. Hace suyo el juicio y se desaprueba. Se considera inadecuado; padece y se deprime.

Padece y se deprime porque se enjuicia con los criterios ajenos. Acepta que no debe ser como es ya que no está bien visto ser de ese modo; se le da a entender que debiera ser de otra manera.

Mas a nadie cabe enjuiciar a otro; sólo le cabe a Dios. Únicamente enjuicia la naturaleza.

Pese a ser socialmente de este modo que los otros rechazan, sigue siendo espontánea y vegetativamente, de lo que se deduce que la naturaleza, Dios, acoge naturalmente su modo de ser. Para la Naturaleza está bien sea él aquello que es.

La naturaleza, Dios, lo aceptan. El no se acepta. Los otros no lo aceptan. De ahí que padezca y sufra.

Padece porque no quiere lo que es; quiere otra cosa. Antepone su voluntad a la naturaleza. Quiere sobreponerse a ésta. Juzga, esto quiero, esto no quiero.

Mas lo que es lo antecede. Es antes que él.

Yerra pues queriendo sobreponérsele.

Se lo moldeó. Otro lo hizo. La naturaleza lo empujaba a ser una cosa; el querer ajeno dominó en él la tendencia. Es lo que se quiso, no lo que libremente hoy pudiera haber sido.

¿A qué oponerse, pues? La naturaleza acoge lo que es. Hoy es él una de las muchas posibilidades del humano ser.

Nada que objetar naturalmente a lo que es. ¿Por qué pues no aceptarse?

Los educadores no lo quieren como es. Imponen una determinada idea de lo que la persona debe ser, y no hallan su ser en el momento acorde con ella.

Puesto que naturalmente él es esto que es, la humana naturaleza sobrepasa a la que ellos aceptan.

Doliéndose él de ser esto que es, ha hecho suya y aceptado la opinión angosta de los educadores. Se les une en la visión estrecha y con ellos se condena.

Mas Dios lo acepta así, esto que es. Para Dios, él es una de las muchas posibilidades de lo humano.

No ha lugar pues para angustiarse y condenarse.

Adelantándose a juzgarse mal, gana en papista al Papa.

Para aliviar el dolor insufrible de verse juzgado, para huir del temor a que lo juzguen los otros, se les adelanta, él mismo se juzga, conformemente a las pautas ajenas.

Manifiesta de ese modo su buena voluntad.

Pide se lo acoja, no se lo expulse del seno común.

73. ASI UNOS HOMBRES CREARON AL DIOS Y AL DIABLO.

El ser humano nace niño. Llega inocente. Y se percibe a merced de los otros, indefenso.

Desde hace milenios, tal vez desde que por primera vez se civiliza y vive en ciudades, el humano adulto occidental siente que otros humanos lo someten.

Ese humano adulto sometido se desea entonces poderoso, desea someter él a los otros.

Indefenso y sojuzgado se defiende identificándose con aquel que lo oprime; se vuelve opresor.

Somete a los hijos. En la familia, ámbito accesible y próximo, ejerce el papel de poderoso.

Los hijos niños sienten que el padre los domina; lo temen y lo odian por ello.

También el padre es víctima de quien a su vez lo domina; avergonzado de mostrarse cruel con sus hijos, identificado irremediablemente con quien lo oprime, impide al hijo tomar conciencia de lo que de verdad está pasando; le estorba percibir las relaciones domésticas de poder.

Inventa el dios.

Allá arriba, inalcanzable, mora un ser; es padre, como yo, y ejemplo de padres; pero todopoderoso; y como yo, domina.

Un ser que exige de sus hijos lo obedezcan absolutamente, le estén sumisos; como lo exijo yo de mis hijos.

Así se protege el padre. Así se protegen los poderosos. Proyectándose en un ser inalcanzable.

Si es inalcanzable, hay que sometérsele. Hay que chincharse.

Allá arriba un ser inalcanzable semejante al padre; aquí abajo, el padre verdadero, representante del otro celestial.

Pero si ese dios es padre, ¿cómo aceptarlo malo y cruel, cuando por definición un padre nunca es cruel para con sus hijos?

Se lo escinde en dos: por un lado, el dios propiamente dicho, siempre bueno, amoroso únicamente y de amables cualidades. Por el otro, el diablo; el de los trabajos sucios; compendio de maldad.

El dios es siempre bueno y sólo bueno.

El diablo es siempre malo y sólo malo.

Debajo de los dos, el hombre.

74. EL MAL EN EL MUNDO. EL PROBLEMA DEL MAL.

Dios no es el Bien; Dios es la inocencia.

¡Tantos filósofos y clérigos se han atormentado haciendo de Dios el Bien y buscando comprender por qué hay Mal en el mundo!

Mas Dios no es el Bien; Dios es la pura inocencia, la absoluta carencia de malicia.

Dios ve con los ojos más limpios las que los humanos decimos atrocidades sangrientas. Dios es niño, el eternamente niño.

Amo a Dios inocente.

El Mal, la malicia, son solamente humanos. A nosotros, los humanos, toca combatirlos, rechazarlos, acabar con ellos. El hacerlo es tarea nuestra, es nuestra servidumbre.

Caracteriza al humano adulto la absoluta falta de inocencia. El adulto es el humano no inocente. La condición adulta conlleva la pérdida de la inocencia.

Entristece el hombre adulto. El hombre adulto vive persiguiendo y condenando. Estos son los buenos, aquellos los malos.

Distinguiéndolo del Bien, el adulto crea el Mal.

Creyendo en el Mal se yerra en lo más hondo.

75. PERO ¿DE DÓNDE PROVIENE EL DIOS?

Cuentan algunos que hará unos 300 siglos, el homo sapiens sapiens, al parecer rama última brotada del tronco homínido en África hace no más de unos 130.000 años, sintió irrefrenable el deseo de crecer culturalmente.

Se juntó a los otros hombres, creó el habla articulada, bautizó y nombró por vez primera las cosas del mundo, y   pintándolas, dibujándolas, se comunicó con todos los demás.

Había nacido la cultura.

Pasaron los siglos numerosos; y hará sólo unos 30, un grupo de emigrantes salidos de la próxima Anatolia, del Asia Menor, eligió para que lo dirigiera a un líder, al que nombró zeus; es decir, el rey, el reyezuelo.

Así se organizaron. Manda éste; los otros obedecen.

Sin embargo, aquel rey pequeñuelo, tomado el gusto al sentirse dominador de los demás, al político poder, que sólo temporalmente y tal vez por razones sólo prácticas se le confiriera, ayudado por los que interesadamente lo apoyaban, quiso eternizarlo proyectándolo en un ser inaccesible y misterioso, y para ello creó al dios, el Zeus supremo todopoderoso del Olimpo inalcanzable, sancionador del zeus terreno, rey, él, por la gracia del dios.

Hasta aquí la Historia; a continuación imagino.

invadieron luego Grecia los romanos y allí dieron con Zeus, que los griegos escribían THEOS, y lo pasaron a su lengua como DEUS.

Advenido Paulo de Tarso, culturalmente griego y ambicioso, vació en el molde del DEUS romano el Yahvé judío, el dios de la Biblia, y echó la simiente de la TEOLOGIA, de todas las teologías, la ciencia de Theos-Zeus, la ciencia del dios.

Y ahí estamos; ocupándonos de las cuestiones teológicas; de si en Dios, el Zeus antiguo griego, el Theos abstraído del zeus reyezuelo, hay una o tres personas, es el autor del Mal, ejerce providencia, y en definitiva si rige las cosas de este mundo.

Los hombres cultos occidentales, a los que respaldan dos milenios. El <u>homo</u> dicho <u>sapiens</u> por partida doble!

76. NI CÉLIBES NI HOMBRES DE MUNDO.

Contemplo a tanto monje que en su celda medita.

El vivir meditativo es el modo bueno de vivir.

Pero son célibes, no procrean, son estériles.

Por el vivir con acierto pagan el precio de no procrear.

Es un error.

El fin de toda vida es transmitirla.

El hombre es un ser vivo, debe transmitir la vida.

Acertadamente pues se ha de vivir meditando y procreando.

Ni célibes, que no procrean, sólo meditan, ni hombres corrientes, que no meditan, sólo procrean.

La Iglesia nuestra quiere célibes a sus sacerdotes. En general las organizaciones religiosas han querido célibes a sus clérigos, les han prohibido procrear.

Siendo célibes son menos masculinos, en los términos en que vulgarmente se define entre nosotros la virilidad; en esos mismos términos son más femeninos, digamos más blandos y amorosos, menos competitivos.

La Iglesia jerárquica sabe que el hombre ordinario ve a los demás como rivales, ve el mundo como objeto a dominar.

Quiere femeninos a sus servidores. Para posibilitarles el practicar las virtudes señaladas como femeninas.

Comúnmente se identifica masoquismo con feminidad.

Pero el masoquismo es ante todo sumisión.

Se quiere femeninos a los sacerdotes porque se los quiere sumisos.

77. EL DIOS DEL CATECISMO.

El concepto de Dios está contaminado. Lo hemos recibido en los bancos de la Doctrina. Del padre Astete, de la Historia Sagrada que aprendimos en la escuela. Se nos ha presentado en nuestro Dios, el Dios de la Biblia, un calco del padre biológico.

Se nos ha dicho, Dios es omnipotente; como para nosotros niños lo era nuestro padre. Dios es sabio y omnisciente; como sabio era a nuestros ojos nuestro padre y de igual modo que a él era imposible ocultarle nada. Dios quiere nuestro bien; como supuestamente lo querían nuestros padres.

Dios es riguroso; pero pronto a perdonarnos tan pronto nos mostremos arrepentidos de nuestra mala conducta. Como también lo era nuestro padre, que si bien nos castigaba, era también el primero en dolerse si nos mostrábamos contritos...

El Dios del P. Astete era el padre terrenal llevado al empíreo.

De la necesidad de distinguir entre el padre terrenal y Dios ha nacido este libro.

Dios, el Dios verdadero, nada tiene de nuestro padre, ni aun cuando piadosamente lo decimos padre nuestro en los cielos.

Dios es lo necesario, el origen de todo, aquello que todo lo explica, aquello primordial sin lo cual nada existiera.

Me refiero a él con el artículo neutro, lo, para indicar que en nada es persona; sino algo de antemano incognoscible.

No cabe decir de Dios lo que es; sólo cabe decir lo que no es.

78. Y DIOS CREO AL HOMBRE.

Dios no creó a su imagen y semejanza al hombre. El hombre creó a su imagen y semejanza al dios.

Con la palabra Dios designo yo la realidad trascendente. No existe allá en un recóndito paraje un señor de barba blanca rizada y modos de déspota; como no existe tampoco el servicio de Su casa, bellos mancebos asexuados de alas blanquísimas, ni terribles demonios cenicientos hostiles, vencidos en batalla primordial, chivos cornudos; todos imagen y semejanza de los hombres.

Existe lo trascendente, Dios.

¿Y cómo con él nos relacionamos?

Sencillamente, Dios nos ama tales como somos, puesto que de él procedemos, y no nos exige nada a cambio. No es padre nuestro, ni nuestro señor, ni nos ha dictado una supuesta ley.

Dios existe y nos ama. Nada más necesitamos.

El Bien es ley de la naturaleza humana. Nuestra naturaleza tiende al bien. A veces la contrariamos –se nos ha pervertido.

Seres humanos, nos relacionamos con Dios en tanto vivimos y no después de muertos. Con la muerte todo termina. Mientras vivos, nos hemos relacionado con lo trascendente.

Vivimos inmersos en lo trascendente, que nos vivifica. Lo trascendente es como el aire, al antiguo éter. Vivimos por él, nos creó y gracias a él vivimos; no viviéramos sin él.

Lo trascendente es eterno.

79. DIOS ES EL MUNDO.

La mente, el intelecto, se empeña en separar y dividir; sólo establece dualidades. Para ella, Dios creó el mundo y el mundo y Dios son cosas separadas; el mundo es algo separado de Dios, algo aparte de él.

Dios no es algo aparte. Dios no es algo separado del mundo; porque si lo fuera, el mundo no podría existir ajeno a Él ni un solo instante. Él es la vida misma de la vida.

No imaginéis a Dios como un pintor que pinta sobre un lienzo, de modo que de un lado está Dios, el pintor, y de otro, el cuadro, el lienzo en el que pinta. Pintor y lienzo son cosas separadas; el pintor puede haber muerto, en tanto que el cuadro seguirá existiendo.

En Oriente no se ha concebido nunca a Dios como pintor. Se lo ha imaginado danzante, de modo que es imposible separar danza y danzante. En la India se llama a Dios "aquel que danza". Así concibe a Dios la India, como un ser que danza.

Allí no se concibe dualmente a Dios. Cuando el danzante se detiene, acaba la danza. No se puede separar de su danza al danzarín. Y la danza alcanza su culminación, su crescendo, cuando aquel que danza se pierde por completo en ella, cuando no existen separados danza y danzante. Los dos son uno. Un movimiento de puro goce y energía.

La danza sigue siendo el arte supremo. Apareció el primero y será también el último que quede, porque posee una cualidad especial que lo distingue, a saber, la vida misma.

Dios es un danzante. No es un creador en el sentido en que un pintor lo es; es creador a la manera del danzante. Para decirlo de otra manera, Dios no es creador, sino creatividad, energía activa, dinamismo. Decir de algo que ya está creado es decir que está muerto. La palabra creado conlleva esa idea de punto final, de terminación. En cambio la creatividad deja un extremo abierto y sugiere algo que tremendamente está siempre en movimiento y va alcanzando cimas cada vez más altas.

Los animales son danza de Dios; los árboles y plantas son danza de Dios; la Humanidad es danza de Dios; grados cada vez más altos de una misma danza.

Dios está moviéndose cada vez más rápido, moviéndose como loco, moviéndose vertiginosamente, disolviéndose en la danza. Buda, Jesús de Nazaret son el grado más alto de esta danza, cuando el danzante está tan ebrio y poseído que se transforma en danza. Por éso, si vivís la vida conforme a su dinamismo propio os acercaréis a Dios; porque Él sigue danzando.

No digáis que Dios creó el mundo; lo está creando aún. De lo contrario ¿cómo explicar que los árboles sigan creciendo todavía, que las flores sigan floreciendo? Cada momento el mundo se renueva; cada mañana vida nueva brota.

El Dios cristiano es falso dios; ese Dios que creó el mundo en seis días y descansó el siguiente no es verosímil. Un día festivo sería para Dios algo mortal. Pensad en ello; un día festivo significaría para Dios la muerte de su creación. El danzante no puede tomarse un día libre; pues si lo tomara dejaría de danzar y la danza desaparecería. Por otro lado, la idea de que Dios pueda cansarse, fatigarse, parece disparate.

Dios crea todavía. Dios no es otra cosa que creatividad.

No penséis en términos de cosas; pensad en términos de energía. La salvaje energía; el salvaje océano. Dios es un océano salvaje de energía. Sigue y sigue, sin nunca detenerse, ola tras ola, ondulando sin descanso, sin fin.

Nunca ha habido comienzo. La idea de que hubo comienzo es típicamente intelectual. ¿Cómo podría el mundo comenzar? El mundo es un proceso permanente.

Dios es creatividad, es el creador y lo creado, es una única energía que se hace roca mineral, se hace árbol, se hace hombre. La misma energía se vuelve pecador y se vuelve santo, la misma la energía que llora y gime y la que ríe. La misma la energía que se hace noche y la que amanece, vida y muerte, invierno y estío. No hay dualidad.

La existencia es Dios, llamado por el amor, expresado a través de él. Cuando os hace capaces de plegaria, la existencia se vuelve Dios; en el momento en que se hace amor profundo, la vida se vuelve Dios; una misma energía que se transfigura.

Dios no es algo que existe ahí, a la manera de un objeto. Si lo ha experimentado alguien, no os lo podrá mostrar; no lo veréis a menos que lo provoquéis, a menos que lleguéis con él a un acuerdo, a menos que os arrodilléis y oréis; a menos que lo llaméis no llegaréis a conocerlo.

Y la dificultad reside en que queréis aseguraros de que existe antes de orarle; pero sólo a través de la oración Él es; sólo a través de la fe Él es. Si preferís llegar primero a la certeza de que Dios existe, nunca llegaréis a conocerlo. El conocer a Dios es sólo para apostadores, para aquellos que no se preocupan de certezas previas, para aquellos siempre dispuestos a arriesgarse, dispuestos a arrojarse en medio de la inseguridad, dispuestos siempre a penetrar en lo desconocido, dispuestos siempre a abandonar el cómodo pasado.

Mirad los niños, siempre maravillados, siempre maravillándose.

Dios es para los valientes; es la mayor valentía que se pueda dar, porque es lo más difícil, casi imposible que la mente lo acepte. Primero es la fe; y entonces surge Dios. Por medio de la fe creáis a Dios. Bastará con que admitáis la fe, para que la vida tome nuevo aspecto, se os transforme, se vuelva algo de Dios, se haga divina.

Dios es vuestra subjetividad, vuestro más íntimo reposo, la llegada a puerto. No tiene nada que ver con la teología; tiene sólo que ver con la manera de vivir la vida; si la vives con el intelecto o la vives con el corazón.

Si la vives a través del corazón, despreocúpate de todo, no pienses más en Dios; Él se hará cargo de todo, tomará la iniciativa, llegará, se te presentará. Mas tarde o más temprano escucharás sus pasos, más cercanos cada vez; tu corazón latirá al percibirlos, latirá con su sonido; los latidos mismos anunciarán que llega Dios, anunciarán su aparición.

FIN

Escribí este libro entre los años 1989 y 1991

ACERCA DEL AUTOR

Nací y ahí empezó todo. Fui niño, fui joven y por fin persona mayor. Planté un árbol, escribí un libro y tuve muchos hijos. Algo hippie en Inglaterra cuando era el tiempo de serlo, corrí un poco el mundo, hice auto stop en Europa, desde Estocolmo hasta Nápoles, y un crucero por el río Amazonas y fui figurante en el cine y la televisión. Toqué el saxofón y estudié el violín y la Física cuántica. En Madrid y en la calle eché las cartas del tarot, luego practiqué el trote y el yoga y ahora hago senderismo. Ah, aborrezco la famosa trilogía de Stieg Larsson y no acabé de leer el Ulises de James Joyce.